Hanna Molden

Der Jahrhundertelefant

Eine literarische
Familienbiografie

Hanna Molden

Der Jahrhundertelefant

Eine literarische Familienbiografie

MOLDEN

Warum ich die Geschichte erzähle?

Nun, Familien haben Geschichten.

Es gibt keine Familie, die nicht ihre eigene Geschichte hätte. Die Familie Molden, in die ich vor mehr als fünfzig Jahren geheiratet habe, verfügt über ein ganzes Netzwerk von Geschichte und Geschichten.

In dieser Familie wird seit mehreren Generationen Geschichte als Wissenschaft betrieben. Es wurden Gedichte und Romane verfasst. Es werden Sachbücher geschrieben. Es werden Lieder erdichtet. – Und was nicht geschrieben steht, erzählt man sich. Von Generation zu Generation.

So auch die Geschichte von einem Elefanten namens Jakob. Eine interessante Persönlichkeit, dieser Jakob, der eines schönen Tages in der Familie Molden aufgetaucht ist und die Kindheit meines Mannes Fritz Molden verzaubert hat. Dieser Jakob hat ihn ein ganzes Leben lang begleitet.

Am Ende seiner Tage hat Fritz Molden die Geschichte seines Elefanten aufgeschrieben. Es sollte ein Buch daraus werden. Dazu kam es aber nicht.

Schade, fanden viele in der Familie. Fanden Freunde. Fand ich. Es wäre eine Art von heiterem, zärtlichem, spannendem Vermächtnis geworden.

Und Vermächtnisse sollen nicht im Verborgenen bleiben. Darum erzähle ich diese Geschichte. Auf meine Weise.

Hanna Molden
Sommer 2021

Familiengeschichte wird nie restlos erzählt, weil immer irgendwer der Wahrheit nicht ins Auge sehen will. Die eine Episode wird aufgeblasen, die andere ausgelassen. Dies trifft auch auf die Familie M. zu, deren Geschichte schon oft erzählt wurde. Meine Position in dieser Familie ist ja auch eine ungewöhnliche. Ich bin den M.s kein Onkel, kein Pate, kein Cousin. Dennoch bin ich in gewisser Weise in sie hineingeboren, und durch die daraus resultierende Nähe und meine diskrete Existenz eröffnet sich mir eine einzigartige Perspektive des Beobachters und Chronisten.

Sie werden sich fragen, wer ich denn nun bin.

Ich bin ein ziemlich großer Kerl. Man könnte auch sagen, dass ich gewaltig bin. Ich bin grau. Und faltig. Ich habe schwere Füße, und kleine Augen, von denen manche behaupten, sie seien listig. Meine Ohren sind groß. Sehr groß. Alles in allem: Ich bin eine eindrucksvolle Erscheinung. Ich bin ein Elefant.

Meine Ahnenreihe reicht bis ins Miozän zurück. Was das ist? Eine Phase des Känozoikums. Was das heißt? Die Neuzeit unserer Erde. Was am Ende bedeutet, dass es Elefanten seit rund sieben Millionen Jahren gibt. Eine stattliche Stammesgeschichte, zoologischer Uradel ...

Es gibt afrikanische Elefanten und Waldelefanten und asiatische Elefanten. Aber zu denen gehöre ich nicht. Ich wurde nämlich weder im afrikanischen Busch, noch in den tropischen Regenwäldern Afrikas, noch in den Monsunregenwäldern Indiens geboren. Wo und wie ich geboren wurde, bleibt vorerst noch mein Geheimnis.

Jakob und der kleine Bub

Es ist Frühling. Genauer gesagt, später April. Ein milder Abend. Die Fenster zum Garten stehen offen, ein Lüfterl bauscht die weißen Vorhänge aus Tupfbatist.

Der Bub hopst in seinem Bett auf und ab und versucht, einen Zipfel eines Vorhangs zu erwischen. Aufziehen will er ihn, sehen, was der große Bruder im Garten treibt. Er wäre auch noch gern im Garten, es ist ja noch ganz hell, die Amseln singen, was die Mama das Abendlied nennt. Und der Fußball des Bruders trifft mit dumpfem Knall gegen die Wand des Salettls. Wieder und wieder. Der Bruder übt einen Elfmeter. Und der Papa, der müsste auch bald kommen, heute ist der einzige Tag der Woche, an dem der Papa früh zum Abendessen zu Hause ist.

Er müsste jetzt schon auf dem Weg von der Straßenbahnhaltestelle sein, durch die stille Gasse gehen, wo jeder Schritt am Kopfsteinpflaster hallt. Gleich wird er vor dem gelben Haus sein. Wird durch das breite, halbrunde, graugrüne Holztor gehen, durch das früher noch Pferdefuhrwerke gefahren sind. Hat die Mia erzählt. Durch den breiten Gang wird er bis in den Garten mit den hohen Bäumen gehen, die schon zur Zeit der

Kaiserin Maria Theresia hier gestanden sind. Denn da, wo heute der Garten mit dem Salettl und den Rosenstauden ist, war vor zweihundert Jahren eine Allee, die von der Donau bis zu einem kleinen Lustschloss der Kaiserin führte. Hat der Großpapa erzählt.

„Guten Abend, Herr Doktor", hört der Bub das Kindermädel Mia sagen.

Also ist der Papa schon auf der breiten steinernen Stiege, die vom Garten in den ersten Stock führt. Ha, die gläserne Tür zwischen Stiege und Wohnung scheppert, der Papa ist angekommen.

„Papa! Papa!", schreit der Bub. Noch sind wir in der Zeit, in der gewisse Sitten und Gebräuche aus der K.-u.-k.-Monarchie üblich sind und in der Kinder in Familien wie der seinen „Papa" und „Mama" auf dem zweiten „a" betonen. Wild hüpft er auf seinem Bett, sein Nachthemd ist ihm dabei etwas hinderlich, er hätte auch schon gerne einen Pyjama wie der große Bruder, aber den kriegt er erst, wenn er sechs ist. Er ist ja grad erst fünf geworden.

„Papa", seufzt der Bub glücklich, als der Vater sich zu ihm beugt und ihn auf die Stirn küsst. Gleich wird er ihn fragen, was er heute alles gemacht hat.

„Und, Feppchen, wie war dein Tag, was hast du alles gemacht?", fragt der Vater wie erwartet. Eigentlich heißt der Bub Fritz. Zweiter Name Peter.

Fritz Peter, daraus wurde Feppchen, sein familieninterner Spitzname.

„Die Monika hat die Erna in die Hand gebissen." Fritz ist stolz, dem Papa eine ans Sensationelle grenzende Neuigkeit zu liefern. Der Papa ist Journalist. Chefredakteur einer sehr wichtigen Zeitung. Der hat etwas übrig für Neuigkeiten.

Es dauert eine Weile, bis der Vater die Geschichte in vollem Umfang erfährt.

Monika ist die gleichaltrige Freundin von Fritz, Nachbarskind, die Erna ist deren Kindermädel. Die Monika wollte sich von der Erna nicht an der Hand führen lassen, die Erna fasste dennoch zu, worauf die Monika die Erna in die Hand gebissen hat …

„Na so was", sagt der Papa. Gleich wird er gehen. Im Speisezimmer wartet ja das Abendessen für die Eltern und den Bruder.

Wie wäre der Papa noch aufzuhalten? Was könnte man ihm noch erzählen, dass er noch eine kleine Weile bleibt? Fritz fixiert die lange Gestalt des Vaters, der da – im ewig grauen Zweireiher mit der ewig gleichen grauen Weste – vor ihm steht.

„Was ist das, Papa?", fragt Fritz und deutet auf die weißen Blätter, die zusammengerollt aus der Tasche des väterlichen Sakkos ragen.

„Das?" Der Papa muss ein wenig nachdenken. Ob er vergessen hat, was auf den Blättern steht? Dann scheint es ihm wieder einzufallen. Er nimmt die Blätter heraus, entrollt sie, sieht kurz drauf und lächelt.

„Das?“, sagt er. „Das ist ein Brief.“

„Von wem?“

Kleine Pause. „Von einem Elefanten.“

Ein Brief von einem Elefanten. Das muss der Fritz erst verdauen. Mit der Zeigefingerspitze an der Nasenspitze.

„Von einem echten Elefanten? Von so einem wie der in Schönbrunn?“, fragt er schließlich.

Der Vater nickt. „Aber dieser Elefant lebt nicht im Zoo von Schönbrunn, sondern im Budapester Zoo.“

„Ist er weit weg, dieser Zoo?“

„Eher schon. Er befindet sich in der Hauptstadt von Ungarn. Die heißt Budapest.“

„Ist das weit weg, dieses Ungarn?“

„Wie man's nimmt. Es ist unser östliches Nachbarland.“

„Und wieso kennst du den Elefanten?“

„Als ich vor vielen Jahren in Budapest gelebt habe, bin ich oft in den Zoo gegangen. Dort habe ich ihn kennengelernt.“

„Wie?“

Wieder muss der Vater etwas nachdenken. Dann erst spricht er. Der Vater denkt immer nach, bevor er spricht. Drum ist Verlass auf das, was der Vater sagt.

„Ich bin auf der Bank vor seinem Gehege gesessen und habe ihn betrachtet. Er stand auf dem sandigen Boden, trat von einem Fuß auf den anderen, schwenkte sacht seinen Rüssel und sah mich an. Direkt in die Augen hat er mir gesehen. ‚Ich komme aus Indien', hat er gesagt. ‚Und woher kommst du?' hat er mich gefragt. ‚Ich komme aus Wien ...'"

Fritz hat mit offenem Mund zugehört, jetzt unterbricht er den Vater.

„Der Elefant kann richtig reden?", fragt er fast atemlos.

„Aber sicher. Alle Wesen haben eine Sprache."

„Was für eine Sprache spricht er?"

„Elefantisch."

„Und du kannst Elefantisch verstehen, Papa?"

„Wenn man mit dem Herzen hört, kann man jede Sprache verstehen."

Das weiß der Bub. Von der Mama. Er zeigt auf die Papiere in der Rocktasche des Vaters. „Lies mir den Brief vor", verlangt er, dann schnell noch „bitte, Papa". Und setzt sich in seinem Bett in Vorlesezuhörpositur. An den Polster gelehnt, das Nachthemd bis über die Zehenspitzen gezogen, die Hände auf den Knien.

Der Vater zögert. Er zieht die Papiere aus der Rocktasche, streicht sie glatt, sieht nachdenklich darauf, als hätte er Mühe, das Geschriebene zu entziffern.

„Lies, Papa", sagt Fritz erwartungsvoll, „was schreibt er?"

„Hm", macht der Vater, kramt in seiner Tasche, holt die Brille hervor und setzt sie – ziemlich umständlich, will es Fritz scheinen – auf die Nase. Schaut seinen Buben an, lächelt ein wenig, macht noch einmal „hm" und beginnt zu lesen:

Budapest, am 18. April 1930

Mein lieber Freund Ernst!

Viel Zeit ist vergangen, seit ich Dir das letzte Mal geschrieben habe. Ich hoffe, Du nimmst es mir nicht übel. Aber es ist nun einmal so, dass sich im hiesigen Elefantenhaus nicht sehr viel ereignet. Ich bin sein einziger Bewohner. Seit Du nicht mehr da bist, ist mir schrecklich fad.

Viele Besucher kommen nach wie vor durch das prächtig-mächtige Tor des Zoos. Die meisten nehmen gleich Kurs auf das Elefantenhaus. Sie pflanzen sich vor der Begrenzung auf und starren mich an. Ich sage höflich ‚Grüß Gott', aber sie verstehen mich nicht. Manche lachen und rufen mir etwas zu, aber ich verstehe nicht, was sie sagen. Es ist, wie es ist: Der einzige des Elefantischen mächtige Mensch, dem ich jemals begegnet bin, bist Du. Vielleicht gibt es irgendwo auf der Welt noch einen anderen Menschen, der Elefantisch spricht. Aber hier im Zoo ist er noch nicht vorbeigekommen.

Mein Alltag ist immer noch gleich. Pandit, mein kleiner Mahout, bringt mir meine Riesenration Heu, manchmal auch Karotten. Er spritzt mich mit dem Schlauch ab, vor allem die Ohren, das mag ich besonders. Aber das weißt Du ja alles. Dann gehe ich langsam ins Freie und warte, dass etwas geschieht.

Nichts geschieht. Beziehungsweise: nichts geschah bis vor Kurzem.

Denn unlängst haben sich Dinge ereignet, die darauf schließen lassen, dass ich Gesellschaft bekomme. Wieso ich das annehme? Nun, unsereins hat ja nichts anderes zu tun, als die Menschen zu beobachten. Da habe ich zuerst den Direktor mit zwei seiner Leute auf ungewohnte Weise im Elefantenhaus herumspazieren sehen. Sie haben die Wände vermessen. Bald darauf haben sie zwei neue Abteilungen neben der meinen eingerichtet. Was mich vermuten ließ, dass sie für Elefanten sein sollen, man wird mir schließlich keine Nashörner oder Giraffen als Hausgenossen einquartieren wollen.

Zwei Abteilungen, zwei Elefanten, so ist es geplant. Es handelt sich um ein Tauschgeschäft zwischen dem Budapester und dem Stockholmer Zoo. Das weiß ich von Pandit, meinem kleinen Mahout. Der kommt ja im ganzen Zoo herum, er scheint sich auch mit dem Direktor gut zu verstehen, und von dem hat er das Folgende gehört: Wir haben hier in Budapest zu viele Löwen, die Stockholmer wiederum haben zu viele Elefanten. Also gehen drei unserer Löwen nach Stockholm, und zwei Elefanten aus Stockholm kommen demnächst hier an. Ich weiß nicht, was Stockholm ist. Ich nehme an, dass es sich nicht um einen Dschungel, sondern eher um eine

Stadt wie Budapest handelt. Jedenfalls sei das Elefantenhaus groß genug für drei, hat der Direktor gemeint.

Wenn Du Dich jetzt fragst, wie ich es erfahren habe? Der Pandit hat es mir weitererzählt. Und weißt Du, wie? Der kluge Bub hat mit einem Ast die ganze Geschichte in den Sand meines Geheges gezeichnet.

Ich kann Dir nicht sagen, wie aufgeregt ich bin, mein lieber Ernst. Sobald die Neuen da sind, werde ich Dir darüber berichten. Für heute grüße ich Dich auf das Herzlichste.

Dein treuer Freund, der Elefant Jakob

Im Kinderzimmer ist es still. Fritz hat fast aufs Atmen vergessen. Er sitzt da und starrt mit kugelrunden Augen auf den Brief des Elefanten, den der Vater jetzt zusammenrollt und in seine Rocktasche steckt.

„Gute Nacht, mein Feppchen", sagt er, beugt sich zu seinem Buben und will ihn auf die Stirn küssen.

Da kommt Leben in den Fritz. Wie der Blitz fasst er den Vater am Rockzipfel und hält ihn fest. „Also Jakob heißt er! Wir haben einen im Kindergarten, der heißt auch Jakob!"

„Schau, schau“, sagt der Vater etwas zögerlich, lächelt und versucht seinen Rockzipfel zu befreien. Fritz indes hält fest, viel zu viele Fragen sind offen um diesen Elefantenfreund, der Vater kann jetzt nicht einfach gehen …

„Papa … Papa, wie kann er denn schreiben, der Elefant? Er hat doch keine Finger.“

Nachdenklich reibt der Vater seinen Nasenrücken. Räuspert sich ein wenig. Und sagt dann entschieden: „Das ist richtig. Der Elefant hat keine Finger. Deshalb hat er den Brief diktiert.“

Der Fritz hält den väterlichen Rockzipfel immer noch fest umklammert. „Wem hat er diktiert? Wer versteht denn, was er sagt? Es kann doch niemand außer dir Elefantisch!“

Jetzt löst der Vater sein Sakko aus der Bubenhand. Vorsichtig. Aber bestimmt. Damit ist er eine kleine Weile beschäftigt, in der er nicht antworten kann.

„Papa????“

„Nun“, sagt der Vater schließlich, „der Jakob hat einen entfernten Verwandten im Zoo … Das ist ein … ein Affe. Namens … Jaromir. Affen haben, wie du weißt, flinke Finger. Der Jaromir hat das Maschinschreiben erlernt. Ihm kann der Jakob, wenn es sich um Dringliches handelt, seine Briefe diktieren.“

Der Vater wendet sich zum Gehen. Fritz hüpft aus dem Bett und tappt neben ihm her. „Aber Papa, wie kann der Jaromir wissen, wann der Jakob einen Brief schreiben will? Lebt er im Elefantenkäfig? Und wie geht das, dass der Affe mit dem Elefanten verwandt ist, wo sie sich doch überhaupt nicht ähnlich sehen ... Und ... und was ist ein Ma ... Mahout? Und wie hat der ... Stock ... Stockholm in den Sand gezeichnet? In Buchstaben? Der Jakob kann doch keine Buchstaben lesen ... oder?"

Der Vater beugt sich zum Fritz, lacht leise und schubst ihn ins Bett zurück.

„Feppchen, Schluss jetzt. Die Mama wartet mit dem Essen. Ich verspreche dir, alles was ich vom Elefanten Jakob weiß, zu erzählen."

„Aber wann, Papa? Wann?"

„Nicht mehr heute. Aber bald." Der Papa ist schon an der Tür.

„Schlaf gut, mein Sohn." Weg ist er.

Schlafen! ... Ha! – Fritz sitzt mit angezogenen Knien in seinem Bett und schaut ins Narrenkastl. Aus dem ein paar Räume entfernten Speisezimmer hört er das Stimmengemurmel von Eltern und Bruder, hört eine Türe klappen, wahrscheinlich bringt die Julie jetzt die Suppe herein.

Fritz darf an Wochentagen noch nicht mit den anderen zu Abend essen. Nur an Samstagen darf er. Weil es am Sonntag keinen Kindergarten gibt und er am Samstag länger aufbleiben darf. Zu blöd, dass heute nicht Samstag ist. Da könnte er den Papa alles fragen.

Zum Beispiel, was ein Mahout ist, das will er dringend wissen. Vielleicht so eine Art Kindermädel für den Jakob, wie die Mia für ihn? Könnte sein. Schließlich hat der Jakob geschrieben, dass der Mahout ihm die Ohren abspritzt. Die Mia hat's auch immer auf seine, Feppchens, Ohren abgesehen ... Interessant, dass der Elefant das Ohrenabspritzen mag. Er mag es überhaupt nicht, wenn die Mia seine Ohren mit dem Waschfleck bearbeitet ... Und dieser Affe, der Jaromir! Der muss ein Schlaumeier sein, der kann Schreibmaschine schreiben. Fritz hat es ja selbst gesehen, das Maschingeschriebene auf dem Brief, den der Papa vorgelesen hat ... Diktiert vom Jakob, hat der Papa gesagt. Also gibt es im Elefantenkäfig eine Schreibmaschine? Gibt's im Schönbrunner Tiergarten nicht. Und der Jaromir, der muss eigentlich im Elefantenkäfig leben, weil er ja zur Hand sein muss, wenn der Jakob diktieren will ... Obwohl der Jaromir im Elefantenkäfig nichts zu suchen haben sollte, ist ja schließlich kein Verwandter vom Jakob ... Vielleicht hat ihn der Jakob adoptiert? Fritz weiß, was adoptieren heißt. An Kindes statt annehmen. Im Kindergarten haben sie ein Mädel, das adoptiert worden ist ...

Die Amsel hat ihr Abendlied beendet. Der leichte Wind weht immer noch vom Leopoldsberg herunter und trifft den Mond, der überm Bisamberg aufgeht und sich langsam auf den Weg zur alten Gasse mit dem Kopfsteinpflaster und dem gelben Haus mit dem halbrunden Tor macht.

Mit dem Auftauchen des Elefanten Jakob bricht eine neue Zeit in Feppchens Leben an. Er beginnt, die Tage zur Woche zu ordnen und mit dem roten Buntstift einen Strich auf seinem Kindertisch zu machen, sobald eine Woche um ist. Wenn es vier Striche sind, wird ein neuer Brief vom Jakob kommen. Denn für gewöhnlich, sagt der Papa, schreibt ihm der Jakob einmal im Monat. Nicht immer, aber meistens.

Da müsse er ja schon ganze Haufen von Elefantenbriefen haben, hat der Fritz gemeint und darauf gehofft, dass der Vater sie ihm vorlesen würde. Alle. Einfach alle. Aber der Vater hat mit den Schultern gezuckt und gesagt, dass er sie leider nicht aufgehoben habe. Keinen einzigen. Zu dumm. Wo er doch sonst alle Briefe aufhebt, der Papa, sie in Mappen ordnet und die im großen Bücherkasten, der im Herrenzimmer steht, einschließt.

Als der Vater gesehen hat, dass sein Bub traurig ist, weil es die alten Briefe nicht mehr gibt, da hat er seine Stirn in Falten gelegt und gemeint, er könne sich aber sehr gut an die Briefe erinnern. Und auch an alles, was der Jakob ihm erzählt hat, als sie sich im Budapester Zoo auf Elefantisch unterhalten haben. Aber ja, die ganze bisherige Lebensgeschichte des Jakob …

„Erzähl, Papa! Bitte!"
„Da brauche ich Zeit, Feppchen, das dauert lange."
„Am Sonntag, Papa?"
„Also gut, am Sonntag."

Und dann ist Sonntag. Und Fritz und sein Bruder Otto gehen erst einmal mit den Eltern in die Kirche. Und danach geht die Mama nach Hause, weil sie an einem Gedicht schreibt. Und der Otto trifft seine wilden Freunde im Wertheimsteinpark.

Und der Fritz geht an der Hand des Vaters zum üblichen Sonntagvormittagsbesuch beim Großvater.

„Papa, wann kommt der Jakob dran?", bohrt der Fritz. „Erst kommt noch der Großpapa."

Der Großpapa wohnt nicht weit entfernt von der alten Gasse mit dem Kopfsteinpflaster. Aber der Gehsteig in der Großpapa-Gasse ist glatt und das Haus ist neuer und hat mehr Stockwerke als das gelbe Haus mit dem halbrunden Tor. Der Großpapa Berthold wohnt im ersten Stock. Er wohnt allein, seit Großmama Berta gestorben ist. Er ist ein ernster, etwas strenger alter Herr mit kerzengeradem Rücken und einem langen, schneeweißen Bart. Er ist sehr gescheit. Er hat viele Bücher geschrieben, und auch für Zeitungen, wie der Papa. Er hat noch diesen Erzherzog beraten, der Kaiser werden sollte, aber daraus ist nichts geworden, weil sie ihn erschossen haben, den Erzherzog. Was dann zum großen Krieg geführt hat, in dem der Bruder vom Papa gefallen ist. Da hat der Großpapa das Lachen verlernt. Jetzt kann er nur mehr lächeln. Und auch das tut er selten.

Den Fritz lächelt er allerdings an. Im Salon hat er auch einen Himbeersaft für den Fritz vorbereitet. Und noch ehe der Papa und der Großpapa ihr übliches politisches Gespräch beginnen, noch ehe der Himbeersaft ausgetrunken ist, kräht der Fritz:

„Großpapa, der Papa hat einen Freund, der Elefant ist. Der heißt Jakob. Und der schreibt Briefe an den Papa."

„Interessant, interessant", murmelt der Großvater. Es scheint ihn zu freuen, denn er lächelt mehr als sonst, bis hinauf zu den Augen. Und mit seinen mageren Händen, auf denen sich blaue Adern wie Wurzeln winden, streicht er seinen weißen Bart.

„Ein Elefant, der schreiben kann ...", sagt er mit seiner ein wenig heiseren Altherrenstimme und sieht den Papa dabei an.

Der Papa hat wohl keine große Lust, über den Jakob zu erzählen. Der Fritz hingegen schon. Alles, was er bisher über den Elefanten erfahren hat, sprudelt er heraus, bis ihm die Luft ausgeht.

„Interessant", sagt der Großvater wieder und wendet sich an den Papa.

„Wo ist der Jakob denn geboren, im Zoo?", fragt er und lächelt auf diese gewisse Weise, die die Mama schelmisch nennt.

Der Papa legt seine Stirn in Falten. „Nein", sagt er schließlich, „er ist in Indien geboren." Und nach ein wenig Nachdenken setzt er hinzu: „In Kerala, in der Gegend von Cochin."

„Aha." Den Großvater scheint das zu fesseln. „Die großen Dschungelgebiete im Südwesten von Indien. Wo es wilde Elefanten und Tiger und Affenherden gibt ..."

Da beginnt der Fritz vor Aufregung auf seinem Stuhl zu hopsen. „Großpapa,

der Jakob hat einen Verwandten, der ist ein Affe und heißt Jaromir, und der kann Maschine schreiben ..."

Da verschluckt sich der Großvater. Zumindest klingt es so, er hält eine Hand vor den Mund und macht glucksende Geräusche. Und der Papa mahnt zum Aufbruch. Fritz würde gerne noch bleiben. Wer weiß, was der Großpapa noch alles über dieses Indien erzählen könnte ...

Immerhin, es gibt den Heimweg. Der Papa geht gerne zu Fuß. Bis nach Hause in die Kopfsteinpflastergasse sind das zwanzig Minuten. Die nützt der Bub. „Wieso ist der Jakob nicht in Indien geblieben? Haben sie ihn eingefangen für den Zoo?", fragt er und greift mit seiner vom

Himbeersaft klebrigen kleinen Hand nach der großen kühlen des Vaters.

„Nein, Feppchen, das war anders." Pause. „Ich werde es dir vorm Schlafengehen erzählen." Pause. „Und jetzt ist vorerst Schluss mit dem Jakob. Er ist bitte auch beim Mittagessen kein Thema, sonst gibt es am Abend keine indische Geschichte. Versprochen?" Der Fritz verspricht's. Großes Ehrenwort.

Tatsächlich passiert ihm bei Tisch nur ein einziger Ausrutscher. Es ist bei der Nachspeise. „Magst du noch ein Stück?", fragt die Mama und deutet auf die Biskuitroulade. „In Indien …", beginnt Fritzchen, holt erschrocken Luft, sieht zum Papa hinüber und rettet sich ziemlich erfinderisch, indem er laut und deutlich sagt: „In Indien gibt es keine Biskuitrouladen."

Der Papa kommt zum Gute-Nacht-Sagen wie versprochen. Der Papa hält immer, was er verspricht. Aber Fritz hat beim Abendessen gehört, dass er noch in die Redaktion muss, er wird nicht lange bleiben, also nur keine Zeit vertrödeln.

„Bitte, Papa, wie ist der Jakob von Indien in den Zoo gekommen!" Kurz und bündig.

Der Vater denkt ein wenig nach, schmunzelt und sagt, schließlich auch kurz und bündig, „als Geschenk". Als er in die erwartungsvoll aufgerissenen Augen seines Buben schaut, gibt er sich einen Ruck. „Der Jakob war noch ein kleiner Elefant, ungefähr so alt wie du jetzt, als ihn ... der Maharadscha von Cochin ... dem Erzherzog Leopold von Österreich geschenkt hat."

Das muss der Fritz erst verdauen. Es dauert eine Weile. Eine ganze Sturzflut von Fragen tobt durch seinen Kopf. Maharadscha ... Erzherzog ... Der Vater weiß das, er kann das Durcheinander nämlich fühlen, wenn man lieb hat, fühlt man so etwas. Er wuselt mit beiden Händen durch die hellen Locken seines Sohnes. „Mein Feppchen", sagt er, „diese Geschichte ist so lang wie ein ganzes Elefantenleben. Ich werde sie dir erzählen. Aber es wird lange dauern. Du musst Geduld haben."

Geduld ist eine Tugend. Sagt die Mama. Je mehr Tugenden man hat, desto tauglicher ist man als Mensch. Sagt die Mama. Sie hat ihm auch aufgezählt, was man alles sein muss, um tauglich zu sein. Lauter Tugenden. Die meisten hat der Fritz vergessen. Aber die Geduld, die kennt er. Weil die Mia, wenn sie ihm seine Siebensachen für den Kindergarten zusammenpackt, immer wieder sagt: „Mein Gott, Kind, hör auf zu zappeln, sei nicht so ungeduldig." Also weiß der Fritz, dass er nicht geduldig ist. Und dass es schwer ist, geduldig zu sein, wenn man auf etwas sehr wartet. Zum Beispiel auf den Papa, um mehr über den Jakob zu erfahren.

Der Papa hat sehr viel in der Zeitung zu tun. Auch abends. Manchmal, wenn etwas Aufregendes auf der Welt geschieht, muss er sogar mitten in der Nacht in sein Büro, das alle „die Redaktion" nennen. Und wenn er endlich zu Hause ist, gehört er vor allem der Mama. Die beiden haben immer etwas zu reden. Sie reden gern zu zweit. Da hört man sie auch immer wieder lachen. Und dann gehört der Papa natürlich auch dem Otto. Mit dem großen Bruder spricht er über die Schule. Der geht nämlich schon ins Gymnasium. Und mit dem Otto spricht er auch über die Dinge, die grade in der Welt geschehen. Den Otto interessiert das sehr. Den Fritz eigentlich gar nicht. Obwohl er gern dabeisitzt, weil er gern hört, wenn der Papa mit seiner ruhigen tiefen Stimme etwas erzählt. Außerdem will er wissen, was den Otto interessiert. Dann könnte man vielleicht mitreden, wenn die Spezln zum Otto in den Garten kommen, vielleicht mit ihnen Elfmeter trainieren ...

Jetzt freilich ist es anders. Jetzt braucht der Fritz den Papa für sich. Allein, weil der Papa vielleicht vor den anderen nichts vom Jakob erzählen möchte. Weil der Fritz gar nicht *will*, dass der Papa vor den anderen erzählt. Weil es schön ist, mit dem Papa etwas zu haben, von dem nur sie beide wissen. Also nervt jetzt der Fritz die Mama und die Mia, weil er ständig fragt, wann der Papa heute nach Hause kommen wird. Meistens wissen sie es nicht. Aber wenn sie es wissen und „Mittag“ oder „Abend“ sagen, dann lauert er im Hausgang auf den Vater. Er muss oft lange warten. „Das ist ja ganz neu, wieso bist du denn auf einmal so geduldig?“, hat die Mia einmal gefragt. „Wegen der Tugend“, hat der Fritz gesagt.

„Zwischen Tür und Angel?“, fragt der Papa, als der Fritz ihm zum ersten Mal erfolgreich auflauert. Es ist später Mittag, der Papa biegt mit langen Schritten in die Toreinfahrt, als Fritz ihm entgegenspringt und bittet: „Erzähl, Papa, nur ein kleines Stück, vom Elefanten ...“ „Aber Feppchen, einfach so, zwischen Tür und Angel?“ Er lächelt dazu. Und nimmt den Fritz bei der Hand, und langsam gehen sie durch die Einfahrt in den Garten, einmal zum Salettl und zurück, die Stiege hinauf bis zur gläsernen Tür, und da erfährt der Fritz immerhin das Folgende:

Vor rund dreißig Jahren, als es noch den Kaiser in Wien gegeben hat und Wien die Hauptstadt vom Kaiserreich gewesen ist, da ist ein Verwandter des Kaisers, ein gewisser Erzherzog Leopold, der sich sehr für fremde Länder interessiert hat, ins ferne Indien aufgebrochen. Ganz Indien hat er bereist, bis er schließlich in Kerala angekommen ist. In der dortigen Hauptstadt Cochin hat er den Maharadscha – so nennen die Inder ihre Fürsten – besucht.

Ein sehr, sehr reicher Mann, der neben vielen anderen Reichtümern auch sehr viele Elefanten besitzt. Einen weißen Elefanten, auf dem nur e r reiten darf. Und ein ganz großes Elefantencamp, in dem seine Arbeitselefanten leben. Der Erzherzog und der Maharadscha haben sich sehr gut verstanden. Also hat der Maharadscha dem Erzherzog ein Abschiedsgeschenk machen wollen. Und was hat er ausgesucht?

Einen kleinen Elefanten! Den hübschesten kleinen Elefanten im ganzen Camp.

Sein Name war Puha. Der sollte mit dem Erzherzog Leopold nach Europa reisen ...

Ausgerechnet da stehen Vater und Sohn vor der gläsernen Tür im ersten Stock, und die Mama ruft, „Seid ihr da? Die Suppe wartet."

„Papa, hat der Erzherzog dem Maharadscha auch etwas geschenkt?" Fritz flüstert, gleich ist man im Speiszimmer, die anderen sollen ja nichts Indisches hören.

„Der Erzherzog hat nichts Passendes dabeigehabt, aber er hat den Maharadscha nach Österreich auf die Jagd eingeladen und ihm eine Gams versprochen", flüstert der Papa zurück. Und ruft ins Speiszimmer: „Verzeih die Verspätung, Paula, wir sind da!"

Während des Mittagessens ist der Fritz ungewöhnlich still. Er muss sich das alles durch den Kopf gehen lassen. Das mit dem Geschenk zum Beispiel.

Im Vergleich zu einem Elefanten ist eine Gams doch eher mickrig. Dieser Erzherzog war wohl ein Geizkragen. Und der kleine Elefant, ob der gerne aus seinem Land weggegangen ist?

„Feppchen, wo ist die Hand“, sagt die Mama mit ihrer schönen weichen Stimme. Fritzchens linke Hand hat nämlich die Angewohnheit, während des Essens vom Tisch zu verschwinden, sich am Knie zu kratzen oder nach den Murmeln in seiner Jackentasche zu tasten. Wupps, kehrt sie zurück auf das weiße Tischtuch, die Hand, wo sie die Mama gerne sehen möchte. Die Mama wird nie laut, wenn sie ihre Kinder ermahnt. Sie schimpft auch nie wie Mütter anderer Kinder. Sie sagt einfach ruhig, was sie zu sagen hat, legt dabei den Kopf etwas schief und schaut ihren Kindern in die Augen. Da macht eins einfach, was die Mama möchte. Genau das macht man.

An diesem Tag gibt es keine Möglichkeit mehr, beim Papa um weitere Jakob-Geschichten zu betteln. Er fährt in die Redaktion, und als es Zeit zum Schlafen wird, ist er noch nicht nach Hause gekommen. Also kommt die Mama, um Gute Nacht zu sagen.

An sich hat das der Fritz besonders gern. Die Mama, die sehr viel dichtet, hat nämlich für ihren Sohn einen kleinen Vers erfunden, den sie aufsagt, sobald der Fritz zugedeckt im Bett liegt. Und dieser

Vers geht so: *Liegst im Bettchen / rein und weiß gekleidet / wirst von allen / Tieren sehr beneidet/ auch vom aaaaarmen / kleiiiinen / Hasimandili.* Das Besondere dabei ist, dass die Stimme der Mama ab dem ... *armen kleinen* ... immer langsamer und leiser wird. Auf das Hasimandili muss man etwas warten. Denn das Hasimandili ruft die Mama nach einer Pause ganz plötzlich heraus. Und laut. Und dazu macht sie einen kleinen Hasenhopser, so dass man ein bisschen erschrickt, und vor Vergnügen lachen muss, als würde man gekitzelt.

„Was war denn heute beim Mittagessen mit dir los?“, fragt die Mama, als es Abend geworden ist, und der Fritz die Zähne geputzt hat, und die Mama ins Bubenzimmer gekommen ist und die Bettdecke um den Fritz gestopft hat. „Du warst ja ganz in Gedanken versunken.“ „Gar nix“, nuschelt der, obwohl er dabei gleich an den Jakob denken muss. „Dann ist es ja gut“, sagt die Mama und beginnt mit leiser singender Stimme das Hasimandili-Ritual.

Ehe er einschläft, fragt sich der Fritz, ob man lügt, wenn man etwas geheim hält. Lügen haben beide Eltern überhaupt nicht gerne. Wenn der Papa auf eine Lüge draufkommt, wird er ziemlich böse. Aber die Mama, die wird dann traurig. Und das ist viel ärger als der Zorn vom Papa. Ehe dem Fritz die Augen zufallen, hat er sich in dieser Sache entschieden: Geheimnisse haben und Lügen sind zweierlei.

In den folgenden Tagen erfährt der Fritz vom Papa noch allerhand über den Jakob. Zizerlweis, würde die Mia sagen. Wann immer er den Vater für ein paar Minuten allein erwischt, fragt er ihn aus.

„Wieso heißt der Jakob nicht mehr so wie in Indien?", fragt Fritz.

„Weil der Erzherzog mit dem Namen Puha nichts anzufangen wusste."

„Und warum hat er ihn ausgerechnet Jakob getauft?"

„Na ja, wahrscheinlich war der heilige Jakob der Lieblingsheilige des Erzherzogs."

Auch die Sache mit Pandit, diesem Mahout des kleinen Elefanten, kriegt er heraus. Dass nämlich jeder indische Arbeitselefant einen eigenen Menschen hat, der ihn zur Arbeit abrichtet und ihn reitet und ihn pflegt. Das ist der Mahout. Und dass der Elefant und sein Mahout oft ein ganzes Leben lang zusammenbleiben. Und dass der Maharadscha, als er den schönsten kleinen Elefanten für den Erzherzog ausgesucht hatte, den Mahout gleich als Beigabe zum Geschenk mitgegeben hat. Denn der kleine Pandit war schon im Elefantencamp der Pfleger des kleinen Elefanten Puha gewesen.

„Wie alt ist denn der Pandit?", will Fritz wissen.

„Nun, zum Zeitpunkt, als der Maharadscha dem Erzherzog den Jakob zum Geschenk machte, war Pandit ... sagen wir ... zehn Jahre alt."

„Aber Papa, da war der Pandit doch noch ein Bub. Wie kann der Maharadscha denn einfach ein Kind verschenken?" Da muss der Papa ein bisschen überlegen.

„Na ja, verschenkt ist vielleicht nicht das richtige Wort. Er wird den kleinen Pandit gefragt haben, ob er mit seinem Elefanten mitkommen möchte. Und der wollte sich von seinem Puha sicher nicht trennen. Wenn ein Mensch mit einem Tier sehr eng verbunden ist, dann will er es immer um sich haben, er will sein Leben mit ihm teilen."

Das leuchtet dem Fritz ein. Wird so sein wie beim Miamann und seinem Hund. Der Mann der Mia lebt mit seinem Hund und der Mia in einem kleinen Haus am Hang des Leopoldsbergs. Die Mia ist freilich weit mehr in der Kopfsteinpflastergasse als beim Miamann im kleinen Haus. Aber das macht dem Miamann nichts aus, sagt die Mia. Weil er hat ja seinen Hund. Und von dem trennt er sich nie.

So nebenbei erfährt der Fritz auch allerlei über Indien. Genauer gesagt, über Kerala, das vor unendlich langer Zeit entstanden ist. Und zwar so, erzählt der Papa: Da gab es einen Mann, der Land für seine Krieger gesucht hat. Dem haben die Götter gesagt, er soll auf einen Berg steigen und seine Axt ins

Meer hinunterwerfen. Wo die Axt ins Wasser fällt, wird Land entstehen. Das hat der Mann getan. Und aus Meer wurde Land, das die Menschen Kerala nannten.

„Das ist aber nicht wirklich so gewesen, Papa, oder? Das ist eine Sage“, hat der Fritz darauf gesagt. Und der Papa hat gelacht und zugegeben, dass es sich um eine Sage handelt. Am Abend, in seinem Bett, nach einem Hasimandili, denkt der Fritz über die Geschichte nach. Und darüber, dass die Mama einmal gesagt hat, dass in jeder Geschichte und in jedem Gedicht etwas Wahres ist. Die Mama muss es wissen.

Schließlich schreibt sie Gedichte. Und Romane. Die Leute sagen, dass sie eine Dichterin ist. Also hat es den Mann mit der Axt auf dem Berg vielleicht doch gegeben?

Kerala – langsam erfährt der Fritz ganz schön viel über dieses Land am Arabischen Meer. Wo es unglaublich heiß ist. Aber nie wirklich trocken, weil es jedes Jahr eine Zeit gibt, in der es unglaublich viel regnet. Monsun, so heißt diese Regenzeit.

Und es gibt eine Menge Wälder, die das ganze Jahr grün sind. Hochwälder auf den Bergen. Und Regenwälder in der Ebene. Und unglaublich viele wilde Tiere gibt es. Tiger, und Leoparden, und viele verschiedene Affenarten. Es gibt auch Schlangen, und Schildkröten, und Krokodile. Und natürlich

Elefanten. Wilde, und solche wie die Eltern vom Jakob, die man vor langer Zeit im Dschungel gefangen hat und die für den Maharadscha zu Arbeitselefanten erzogen worden sind.

Manchmal sieht Fritz die Berge von Kerala direkt vor sich. Fast so, als wäre er schon dort gewesen. Und das Elefantencamp. Und den Maharadscha mit seinem Turban voll mit Edelsteinen, wie er auf seinem weißen Elefanten aus seinem Palast reitet ...

„Der Jakob muss doch schrecklich traurig gewesen sein beim Abschied. Er hat es doch gut gehabt in Kerala, bei seinen Eltern und den anderen Elefanten im Camp."

Auch eine Frage, die den Fritz beschäftigt. Eines Abends hat der Papa etwas länger Zeit, um sie zu beantworten.

„Sicher war er traurig", sagt der Papa. „Aber vielleicht war er auch aufgeregt. Immerhin hatte er ein großes Abenteuer vor sich. Stell dir vor, Feppchen, ein kleiner Elefant, der mit frisch gewaschenen Ohren, begleitet von seinem Freund Pandit, in eine unbekannte Welt reist!"

„Wie ist er denn gereist?", will Fritz wissen. Da holt der Papa aus.

„In einem funkelnagelneuen, sehr bequemen Holzkäfig. Der wurde auf einen Waggon des Hofzugs vom Erzherzog Leopold geladen. Neben dem Holzkäfig war auch ein Schlafplatz für Pandit gerichtet. So fuhren der Erzherzog und der Jakob und Pandit mit der Eisenbahn durch ganz Indien nach Norden. Von Cochin hinauf bis nach Bombay. Was ein wenig seltsam war, denn so wie Bombay hat auch Cochin einen riesigen Hafen. Wahrscheinlich war es eine Entscheidung des kaiserlichen Hofes, wir werden es nie mit Sicherheit wissen – auf jeden Fall mussten die beiden tagelang durch den Dschungel tingeln. In Bombay angekommen, bestiegen sie ein österreichisches Dampfschiff, das ‚Kaiserin Maria Theresia' hieß. Der Käfig vom Jakob wurde mit einem Kran aufs Schiff gehoben und in einem Laderaum festgezurrt, dass er bei hohem Seegang nicht wegrutschen konnte ..."

„Oje", fährt der Fritz dazwischen, „ist der Jakob seekrank geworden?" Er weiß, dass die Seekrankheit einen ganz elend macht. Er weiß das, weil er mit der Mama in Kroatien auf den Inseln war. Da sind sie oft mit Schiffen gefahren. Und manche Leute haben furchtbar gespieben. Aber er, der Fritz nicht. Weil er aus einer Familie von kroatischen Seefahrern stammt, und von denen wird keiner seekrank.

„Nein, nicht ein bisschen seekrank ist er geworden", sagt der Papa. „Die See war ruhig. Dann fuhren sie durch den Kanal, der das Rote Meer mit dem Mittelmeer verbindet. Und auch im Mittelmeer hatten sie Glück. Kein starker Seegang bis Fiume ..."

„Was ist das, Papa?“ Alles weiß der kleine Fritz wohl doch noch nicht über die kroatische Küstenheimat seiner mütterlichen Vorfahren.

„Fiume ist eine uralte Stadt, die am adriatischen Meer liegt und heute Rijeka heißt.“

Rijeka, *den* Namen kennt Fritz von seiner Reise mit der Mama. „Warum heißt sie jetzt anders?“

„Weil sie infolge von Kriegen einmal zu diesem, dann wieder zu jenem Land gehört hat.“

Schon holt der Fritz tief Luft für eine nächste Frage, da fährt der Papa rasch fort: „Als das Schiff des Erzherzogs im Hafen von Fiume ankam, gehörte die Stadt zum Reich des Habsburger-Kaisers. Der Hafen war sehr groß und wichtig für das Kaiserreich. Deshalb führte von ihm eine Bahnlinie nach Budapest, der Hauptstadt Ungarns, das ebenfalls zum Kaiserreich gehörte. Und weil der Erzherzog mit der Bahn über Budapest nach Wien fahren wollte, verließ er in Fiume das Dampfschiff, ließ den Jakob in seinem Käfig auf einen Waggon seines Hofzugs hieven, sah zu, dass man den kleinen Pandit nicht vergaß, reiste bis nach Budapest, besuchte dort den Direktor des Budapester Zoos, der ein guter Freund von ihm war, und schenkte dem Zoo den Elefanten Jakob, was den Direktor sehr erfreute, weil der Zoo zwar ein Elefantenhaus, aber zu dieser Zeit keinen Elefanten besaß.“

Das war ein sehr langer Satz mit viel Neuem, das Fritz erst verdauen muss, ehe er eine weitere Frage stellen kann. Diese Pause nützt der Papa. „Genug für heute, Feppchen, Fortsetzung folgt“, sagt er und verschwindet im Herrenzimmer.

Allerhand, was der Fritz in diesen Tagen und Wochen erfährt. Kein Märchenbuch kann mithalten mit dem, was der Papa über fremde Länder und vergangene Zeiten so nebenbei erwähnt, wenn er Neues vom Jakob berichtet. Freilich, der Papa ist mordsmäßig gescheit. Das sagt auch der Otto, der behauptet, dass der Papa mehr über Geschichte und Geographie weiß als seine Lehrer im Gymnasium. Der Otto ist übrigens auch nicht blöd. Der weiß schon ziemlich viel, ist aber auch sechs Jahre älter als der Fritz. Der Otto hat zwar schlechte Noten, aber nur weil er ein Lausbub ist. Sogar die Lehrer im Schottengymnasium sagen, dass der Otto gescheit ist. Er weiß mehr als die meisten Buben in seiner Klasse.

Aber über den Elefanten Jakob weiß er nix! Manchmal würde Fritz dem Bruder gerne unter die Nase reiben, dass es einen Elefanten gibt, der dem Papa Briefe schreibt. Aber dann wäre der Jakob ja kein Geheimnis mehr. Um ein Haar hätte er sein Geheimnis übrigens verraten. Und zwar ausgerechnet der Mia.

„Warum verschmierst denn dein Tischerl, ich krieg' ja die rote Farb' kaum weg", schimpft sie und reibt an den dicken Strichen, die Fritz darauf gemalt hat. Drei Striche sind es. Einer für jede Woche, die seit dem Brief vom Jakob vergangen ist. Nur noch einer bis zum nächsten Brief ... Fritz sieht die Striche unter Mias Reibbürste verschwinden, wartet, bis die Mia ihrerseits verschwindet, holt Ottos Taschenmesser aus dessen Schreibtischlade und säbelt drei tiefe Linien in sein Kindertischerl.

Die entdeckt die Mia, als es Abend wird. „Mein Gott, Bub, was ist denn in dich gefahren? Das krieg' ich jetzt nimmer weg", jammert sie. „Das musst du schon der Mama beichten ..." Fritz schüttelt heftig den Kopf. „Dann muss ich es ihr sagen", droht die Mia. Oje. Sehr schlecht. Die Mama wird so lange fragen, bis er die Wahrheit sagen muss. Schluss mit Geheimnis. „Bitte, Mia, sag's nicht der Mama, es ist ... ein Geheimnis", fleht er. Die Mia ist auch eine von denen, die mit dem Herzen hören und mit ihren wunderschönen Schwarzkirschenaugen in Kinderseelen hineinsehen kann. „Ist es ein helles Geheimnis oder ein dunkles?", fragt sie den Fritz. „Ein ganz helles", sagt der Bub – und seufzt erleichtert auf, als die Mia sagt: „Na gut, dann kannst du es behalten."

Und dann ist es Ende Mai geworden. Im Garten beginnen die Rosen zu blühen, der Flieder ist fast hinüber. Wenn er abblüht, der Flieder, riecht er besonders stark und süß. Der Fritz beugt sich weit aus dem Fenster, schnuppert in den Abend und lauscht. Der Otto ist irgendwo in Döbling mit dem Fahrrad unterwegs, aus der Küche hört man Teller klappern, sonst ist es still. Bald müsste man Papas Schritte in der Einfahrt hören. Heute ist ja der Tag, an dem ein Brief vom Jakob gekommen sein könnte. Hat der Papa in Aussicht gestellt. Weshalb der Fritz ohne Widerrede die Abendwäsche und das Zähneputzen hinter sich bringt und sich ohne Ermahnung mit einem Bilderbuch in sein Bett verzieht. Was wiederum die Mia erstaunt.

„Hast was angestellt?“, fragt sie.

„Iiiich?“ Wenn der Fritz das „i“ ganz, ganz langzieht, fangt die Mia meistens an, nach Missetaten zu forschen. Heute forscht sie nicht, heut’ muss sie heimlich lachen. Und geht. Warum? Wer weiß …

Da! Papas Schritte auf der Stiege. „Guten Abend, Herr Doktor.“ Das ist die Juli.

Türengeklapper. Am Ende geht der Papa gleich zur Mama? Nein, die Parketten krachen, er kommt näher. Die Tür geht auf, da steht er, schmunzelt und klopft auf sein Sakko. Ja! Der Brief ist da! Deutlich sichtbar ragt er aus der Rocktasche. Fritz holt tief Luft und atmet laut aus. Vor Erleichterung.

„Ist er lang, der Brief, Papa?“

Der Vater holt den Brief aus der Tasche, entrollt ihn und zählt die Blätter.

„Sehr lang. Fünf Seiten", sagt er und setzt sich auf Ottos Bett, das dem von Fritz gegenübersteht. Der Otto hätte zwar schon gern sein eigenes Zimmer, die Wohnung der Eltern ist nämlich groß, ein ganzes Stockwerk groß, und ein eigenes Zimmer für Otto ginge sich locker aus, aber die Eltern finden, das sei nicht notwendig.

„Also", sagt der Fritz. Er sitzt quer auf seinem Bett, die Füße baumeln über den Bettrand, das Nachthemd ist ordentlich über die Knie gezogen, Fritz ist bereit.

„Also was?", fragt der Papa und schmunzelt.

„Lies! Bitte!" Irgendwie hat Fritz das Gefühl, dass der Papa das Lesen absichtlich hinauszögert. Das machen die Erwachsenen manchmal, wenn die Kinder besonders ungeduldig auf etwas warten. Den Erwachsenen scheint es Spaß zu machen. Weihnachten zum Beispiel. Da raschelt es hinter der verschlossenen Tür, ja ja, das Christkind ist da, aber man muss warten, vielleicht zündet es grade die Kerzen am Christbaum an, man muss warten, bis es fortgeflogen ist, weil die Kinder es ja nicht sehen sollen, wegen der Überraschung ... Das kann endlos dauern. Aber dann geht die Tür auf und neben dem Christbaum stehen Papa und Mama ...

„Lies schon, Papa! Bitte!"

Der Vater holt die Brille aus der Rocktasche, hält sie gegen das Licht, um zu sehen, ob sie nicht trübe ist, was sie nie ist, weil die Brillen des Vaters immer sauber sind, dann setzt er sie auf die Nase, streicht den Brief glatt, räuspert sich und beginnt endlich langsam, als hätte er Mühe, die Schrift zu entziffern, vorzulesen.

Budapester Zoo, im Mai 1930

Lieber Ernst, bester Freund,

die Neuen sind da! Ein riesiger Bulle und eine sehr hübsche junge Dame. Er heißt Burgos, sie heißt ... Leana. Ich werde Dir im Detail berichten, was sich an diesem denkwürdigen Tag ihrer Ankunft zugetragen hat. Also das war so:

Ich war gerade damit beschäftigt, am kleinen Teich in meinem Gehege zu plantschen – du weißt ja, wie ich es gerne mache: Rüssel eintauchen, Wasser aufsagen, Rüssel in die Höhe, Wasser auf meinen Kopf und meinen Rücken spritzen –, als ich aus der Ferne einen gewaltigen Trompetenstoß hörte. So einen lauten habe ich nicht mehr gehört, seit ich aus Cochin fort bin. Augenblicklich hörte ich auf zu plantschen und verzog mich unter die Baumgruppe im Gehege.

Nach einer Weile sah ich sie kommen. Ein eindrucksvoller Geleitzug, etliche Wärter mit langen Stangen, die beiden Neuen im Gänsemarsch, vorne er, hinter ihm sie. So zogen sie ins Elefantenhaus ein. Und sahen sich erst einmal um. Die Dame war zunächst scheu. Sie sah nur kurz in meine Richtung und gleich wieder weg. Aber der Große kam schnurstracks auf mich zu und herrschte mich an. „Eines ist klar: Von nun an läuft es hier so, wie ich es will. Mein Name ist Burgos." Dann schwenkte er seinen Rüssel in Richtung Dame. „Und das ist meine Schwester Leana." Dann sah er mich von oben herab an – ja, von oben herab. Obwohl ich jetzt schon ziemlich groß bin, ist er nämlich viel größer als ich und wahrscheinlich älter, ich schätzte ihn auf vierzig Jahre. „Und wer", dröhnte er schließlich, „wer bist du, du Wicht?"

Das fand ich ziemlich unhöflich. Du kennst mich, lieber Ernst, ein Wicht war ich nicht einmal mehr, als Du in mein Leben tratst. Aber bitte, Höflichkeit ist nicht jedermanns Sache. Ich blieb jedenfalls artig.

„Ich heiße Jakob. Mein Name in meiner Heimat Cochin war Puha. Aber der Erzherzog, der mich dem Zoo schenkte, taufte mich Jakob. Und euch werden sie sicher auch umtaufen. So sind die Menschen, sie wollen alles bestimmen." Der Große sah mich herablassend an. „Cochin, sagst du? Also Südindien. Eine gewöhnliche Gegend. Und diese Hitze! Meine Schwester und ich kommen aus Kaschmir. Das liegt im Norden von Indien, hat ein viel besseres Klima, ist überhaupt die vornehmste Gegend für indische Elefanten."

Kurz gesagt, lieber Ernst, Burgos erschien mir ein echter Angeber zu sein. Außerdem passte er wie ein Haftelmacher auf, dass ich seiner Schwester nicht zu nahekam.

Sobald ich in ihre Richtung wollte, versperrte er mir den Weg. Keine Manieren! Und fressen kann der Kerl, also ich habe auch einen gesunden Appetit, aber an Burgos komme ich nicht heran.

Immerhin, bald bekam er einen Dämpfer. Die Direktion tat, was ich dem Großen vorhergesagt hatte: Sie tauften die Neuen um. Aus Burgos wurde ein David. Und seine Schwester sollte Sissi heißen. Die Namen wurden mit der Beschreibung – Indischer Elefant, soundso alt, Herkunftsgebiet Kaschmir – auf Schilder neben dem meinen ans Elefantentor geheftet. David und Sissi. Aber das „Sissi" verursachte einen Skandal:

Eine Besucherin des Zoos las die Tafel, begann sich furchtbar aufzuregen und mit ihrem Sonnenschirm in der Luft zu fuchteln und schrie: „Unerhört! Man kann doch einen Elefanten nicht nach unserer unvergessenen Kaiserin benennen!" Ich hatte keine Ahnung, was die Frau meinte, die Neuen auch nicht, die arme Leana – Sissi wich ängstlich in den hintersten Winkel des Geheges zurück. Erklärt hat uns das Ganze schließlich der liebe Jaromir. Er darf sich, anders als alle anderen Affen im Zoo, frei bewegen. Weil er gezähmt und der Liebling des Direktors sei, heißt es unter Fachleuten. Also schwang sich der Jaromir übers Gitter des Geheges auf unsere Schattenbäume und erklärte uns, dass eine Kaiserin von Österreich Sissi geheißen hat.

Die ist vor ziemlich vielen Jahren von einem Feind des Kaiserreichs umgebracht worden. In Ungarn, wo sie viel Zeit verbracht hat und zur Königin gekrönt worden ist, werde sie immer noch wie eine Heilige verehrt.

Skandal um Sissi also. Eine Elefantin darf nicht heißen wie die verblichene Kaiserin! Der Direktor entschuldigte sich bei der Besucherin mit dem Sonnenschirm und erklärte, die Elefantendame würde fortan Ana heißen ... Typisch Mensch, finde ich. Irgendwie würdelos. Ich habe natürlich keine Ahnung, wie diese tote Kaiserin gedacht hat, als sie noch am Leben war. Aber irgendwie habe ich das Gefühl, dass es sie gefreut hätte, wenn eine hübsche Elefantendame nach ihr benannt worden wäre.

Zügig liest der Papa. So zügig, dass Fritz gar nicht dazu kommt, dazwischen Fragen zu stellen. Er wird sie nachher stellen. Wenn der Papa mit dem Brief fertig ist. Vier Seiten hat er schon gelesen, gleich kommt die fünfte dran und ausgerechnet da kommt die Mia zur Tür herein: „Herr Doktor, die gnädige Frau wartet mit dem Abendessen, ob Sie vielleicht zu Tisch kommen könnten?“

„Nein, Mia, nein, das geht jetzt nicht“, kreischt der Fritz.

„Sachte, mein Sohn“, mahnt der Papa, rollt die Seiten zusammen und steckt sie in seine Rocktasche. „Wenn die Mama bittet, geht man. Schließlich hat man sie ja lieb.“

Darauf kann der Fritz nun wirklich nichts erwidern.

Auf einem Haufen ungelöster Jakob-Fragen bleibt Fritz sitzen, und lange wird er auf Antworten warten müssen. Denn der Papa scheint jetzt öfter und länger in der Redaktion zu sein als sonst. Es ist schwer, ihm erfolgreich aufzulauern. Und wenn man ihn einmal erwischt, wird er mit Sicherheit sagen: „Heute nicht, Feppchen, ein andermal.“ An den Sonntagabenden, die normalerweise der Familie gehören, kommen jetzt öfters Gäste. Weiß der Himmel, worüber sie so angeregt sprechen. Über Politik, sagt der Otto, der manchmal dabei sein darf.

„Was heißt über Politik?“, will der Fritz wissen.

„Das verstehst du noch nicht“, sagt der oberg'scheite Bruder. „Wenn du in die Schule gehst, werde ich's dir erklären.“

Im heurigen Herbst wird es so weit sein, da kommt das Feppchen in die Schule. Aber davor liegt noch die wunderbare, endlose Sommerfrische. Mit Sack und Pack fährt man aufs Land. In die Prein. Oder ins Kühtai. Manchmal sogar mit der

Mama nach Kroatien. Da kommt sie nämlich her, die Mama. Es ist ihr Herzensland, hat Fritz einmal den Papa sagen gehört.

Die Familie reist grundsätzlich mit der Eisenbahn. Nicht nur, weil man gerne mit ihr fährt. Man könnte gar nicht anders, denn der Papa besitzt kein Auto. Diesmal könnte das Bahnfahren übrigens noch aufregender werden, als es eh immer ist. Weil nämlich just jetzt, zu Ferienbeginn, in Österreich eine Heuschreckenplage herrscht. Die Viecher fressen alles kahl, sie stören sogar den Zugverkehr. Ziemlich spannend das alles, da kann eins schon auf den Jakob vergessen.

Obwohl – ganz vergisst Fritz ihn nie. Vor allem vor dem Einschlafen, da denkt er eigentlich immer an den Jakob. Wie's ihm wohl geht mit dem groben David und der scheuen Ana? Und ob der Jaromir schon an einem neuen Brief für den Papa schreibt? Und ob der Jakob die Ana vielleicht einmal heiraten könnte? Das wär' etwas! Da könnte er, der Fritz mit dem Papa ja in dieses ... Budapest fahren und in den Zoo gehen und den Jakob auf seiner Hochzeit überraschen ...

Untertags freilich kommt ihm der Jakob nicht in den Sinn. Zu aufregend sind die Ferientage. Man spielt Räuber und Gendarm. Man sekkiert die kleine dicke Cousine, ein höchst willkommenes Opfer. Man probt mit den anderen Kindern ein Theaterstück, das die Mama eigens für sie geschrieben hat. Und wenn der Papa aus Wien anreist, hat man schon so viel erlebt, das man ihm erzählen muss, und man hat so viel vor, auf das man sich freut, dass man gar nicht daran denkt, ihn zu fragen, ob ein neuer Brief vom Jakob gekommen ist.

Und schon ist man wieder in Wien zurück. Und in einer Woche wird der Fritz zum ersten Mal in die erste Klasse Volksschule in der Vormosergasse gehen. Und knapp vor diesem ersten Schultag machen der Fritz und seine Freundin Monika, das Nachbarskind, mit deren Kindermädel Erna einen Ausflug in den Schönbrunner Tiergarten.

Der Fritz ist schon ein paar Mal in Schönbrunn gewesen. Hat mit der Mama das gelbe Schloss der Kaiserin Maria Theresia und den dazugehörigen Tiergarten mit dem hübschen gelben Pavillon mittendrin besucht. Auf der ganzen Welt gebe es keinen älteren Zoo als diesen, zweihundert Jahre sei er alt, hat die Mama erzählt. Und eines der ersten Wildtiere, die aus weiter Ferne nach Schönbrunn kamen, sei ein Elefant gewesen.

An diese Besuche kann sich Fritz vor allem erinnern, weil es am Ende immer ein Kracherl gab. Mit der Erna gibt's kein Kracherl. Die Erna ist auch nicht geduldig. „Komm weiter, Fritz, die Monika will zum Affenkäfig“, nervt sie und zerrt an seiner Hand. Aber der Fritz rührt sich nicht vom Fleck. Wie angewachsen steht er vor dem Elefantengehege und fixiert den großen Bullen, der mit seinem Rüssel einen dürren Baumstamm herumschubst. Ganz leise, so dass ihn niemand, schon gar nicht die Erna hören kann, flüstert er dem Elefanten zu:

„Elefant, ich bin der Fritz. Woher kommst du? Aus Indien? Kannst du mich verstehen?“ So leise flüstert er, dass sich sein Mund beim Flüstern kaum bewegt.

Wenn das elefantische Verstehen so funktioniert wie zwischen dem Jakob und dem Papa, dann muss der Riese jetzt seinen Kopf dem Fritz zuwenden. Mit mindestens einem von seinen kleinen, listigen Augen muss er dem Fritz zuzwinkern. Er könnte auch den Baumstamm in Ruhe lassen, seinen Rüssel heben und dem Fritz zutrompeten, damit Fritz weiß, dass der Elefant ihn gehört hat.

Aber all das tut er nicht. Er wachelt zwar mit seinen riesengroßen Ohren, der Dicke, aber von dem kleinen Buben jenseits des Gitters nimmt er keine Notiz.

Als Fritz von Schönbrunn nach Hause kommt, ist es später Nachmittag. Um diese Zeit trinken die Eltern im Herrenzimmer Tee. Das tun sie immer, ehe der Papa wieder in die Redaktion fährt, und dabei werden sie gar nicht gern gestört. Durch die geschlossene Tür hört man sie plaudern, oft auch lachen. „Die Stund' vo' die Herrschaften", nennt das Julie, die Köchin.

Fritz schleicht zwischen Salon und Speisezimmer hin und her. Da kann er am besten hören, wenn der Papa ins Vorzimmer kommt, um seinen Hut vom Haken zu nehmen und die Wohnung zu verlassen.

Wie ein Kugelblitz schießt er aus dem Speisezimmer, als der Papa aus dem Herrenzimmer tritt.

„Ich muss dir was sagen, Papa", ruft er ihm entgegen. „Ich war heute in Schönbrunn beim Elefanten. Ich wollte mit ihm reden. Aber der ist blöd! Der hat mich nicht verstanden!"

„Hm", macht der Papa und streicht Fritz über den Kopf. Er ist mit den Gedanken nicht bei der Sache, das merkt der Fritz, also grapscht er nach der Hand des Vaters und ruckelt daran.

„Papa, ich habe es mit Elefantisch versucht, aber der Schönbrunner Elefant hat mich überhaupt nicht verstanden."

Der Papa bleibt nicht stehen, aber er löst seine Hand nicht aus der des Fritz, im Gegenteil, er drückt sie sanft.

„Feppchen", sagt er, „solche Dinge gehen nicht über Nacht. Die brauchen Geduld. Ich bin viele Male vor dem Gehege von Jakob gestanden, ehe wir ins Gespräch gekommen sind."

„Aber du könntest mir doch das Elefantisch beibringen, Papa. Bitte! Da ginge es schneller. Ich bin nämlich ungeduldig, sagt die Mia."

Jetzt lächelt der Papa. Das gewisse Lächeln, das nur dem Fritz gehört. Das immer auch mit „Aug' in Aug'" einhergeht, wobei der Papa sich herunterbeugen muss, um geradeaus in die Augen seines Buben sehen zu können.

„Weißt du", sagt der Papa, „man kann so viele Dinge lernen. Wenn man wirklich will, kann man fast alles lernen. Aber manche Dinge sind nicht erlernbar, die fliegen einem zu."

„Welche?", will der Fritz wissen.

„Zum Beispiel Elefantisch verstehen."

„Und wie fliegen die einem zu?"

„Mit Hilfe der Phantasie."

„Wie geht das, Papa?"

An diesem späten Nachmittag im Haus der Kopfsteinpflastergasse hat der Papa keine Zeit mehr, um die Sache mit der Phantasie zu erklären. Ärgerlich, denkt Fritz.

Warum passiert es immer wieder, dass du eine Frage stellst und die Erwachsenen plötzlich keine Zeit für eine Antwort haben, weil sie dringend davon müssen. Vielleicht, weil sie keine Antwort wissen?

Nein! Mit der Mia könnte es vielleicht so sein. Oder mit der Tante Miez, der Mutter von der

Monika. Oder mit der Tante Ida, der Frau von Mamas Bruder Petar, die jetzt ganz allein mit ihrer kleinen Tochter in der riesigen Stadtwohnung mit den vielen alten Bildern lebt, seit der Onkel Petar ausgezogen ist. Mit denen vielleicht schon. Aber doch nicht beim Papa, der drückt sich nie um Antworten. Und die Mama auch nicht. Die Mama ... die Mama wird man fragen!

„Was genau ist Phantasie?", fragt der Fritz, als die Mama an sein Bett kommt, um Gute Nacht zu sagen. Seit der Fritz in die Schule geht, entfällt das Hasimandili. Ohne dass jemand gesagt hätte, das müsse jetzt so sein. Es entfällt einfach. Nur wenn der Fritz ausdrücklich danach verlangt, sagt die Mama ihren Vers und tut den nach wie vor hochgeschätzten Hopser.

Heute hat der Bub anderes im Sinn. Die Mama ist schon dabei, die Decke rund um ihn festzustopfen, als der Fritz sie fragt: „Was genau ist Phantasie?"

Die Mama hört mit dem Deckenstopfen auf. Sie richtet sich gerade und sieht durchs Fenster, hinaus in den abendlichen Garten, ehe sie sich auf Fritzchens Bettkante niederlässt. Es dauert eine Weile, ehe sie zu reden beginnt.

„Phantasie ist eine Gabe. Sie ist ein Geschenk. Ich denke, dass jeder Mensch dieses Geschenk vom lieben Gott mit auf den Weg bekommt. Bei manchen wird sie nur nie wach."

„Aber was ist sie, Mama, wie geht sie, die Phantasie?"

Die Mama könnte jetzt lächeln. Erwachsene lächeln oft über Fragen ihrer Kinder. Aber die Mama lächelt nicht, sie schaut nachdenklich drein, sie denkt ehrlich nach über die Frage ihres Buben.

„Phantasie geht nicht wie Häkeln, oder Fußballspielen, oder Turmspringen", sagt sie schließlich. „Phantasie entsteht in dir."

„Aber wie?"

Da braucht die Mama wieder eine Weile, um die Antwort zu finden. Ihre Hände liegen still auf Fritzchens Bettdecke, ihre Augen wandern Richtung Garten, kehren schließlich zu ihrem Buben zurück und sehen in die seinen.

„Stell dir vor, Feppchen, du siehst etwas vor dir, das gar nicht wirklich da ist ... Einen Drachen zum Beispiel ... In Gedanken malst du ihn an. Orange, oder giftgrün, oder beides. Dann lässt du ihn Feuer speien, lässt ihm Flügel wachsen. Und dann machst du aus den Bildern, die du vor dir siehst, eine Geschichte. Zum Beispiel könntest du auf den Rücken des Drachen steigen und ins Morgenland fliegen, mit deinem Drachen auf einer gelben Düne mitten in der Wüste landen, deinen Feldstecher hervorholen und sehen, ob die Karawane der Beduinen schon zu sehen ist ..." Die Mama wird still, denkt ein wenig nach und sagt schließlich:

„Du siehst etwas vor dir, das nicht ist. Du erlebst etwas, das nicht um dich, sondern in deinen Gedanken ist. Damit hast du etwas erschaffen, das nicht da war, ehe du es gedacht hast."

Der Fritz schaut ins Narrenkastl. Seine Hand sucht die der Mama. Er wiegt seinen Kopf von links nach rechts und wieder zurück. „Kompliziert, die Phantasie ...", sagt er. Pause. Er denkt nach.

„Entstehen so die Märchen?", fragt er schließlich. Da lächelte die Mama und nickt.

Wieder eine Pause. Dann, fast ein wenig kämpferisch: „Aber warum wird sie bei manchen Menschen nicht wach, die Phantasie?"

Da muss die Mama wieder nachdenken, ehe sie eine Antwort gibt.

„Ich denke, irgendwann, irgendwie erwacht sie in jedem Menschen. Es kommt nur darauf an, ob der Mensch sie zulässt, und ob er etwas aus ihr macht."

Die Sache mit der Phantasie beschäftigt den Fritz weiterhin. Zum Beispiel hat er sich gefragt, ob die Phantasie mit dem Lügen verwandt sein könnte. Immerhin erfindet er manchmal etwas, das von den Erwachsenen beinhart als Lügen bezeichnet wird. Aber nein, Phantasie und Lügen müssen zweierlei sein. Wenn es da nämlich eine

Verwandtschaft gäbe, fände die Mama die Phantasie überhaupt nicht toll. Über diese Dinge denkt er meistens nach, ehe er einschläft.

Der Jakob kommt ihm übrigens nicht mehr so oft in den Sinn. Untertags nämlich. Da geht es nicht, weil doch in der Schule so viel Neues geschieht. Abends freilich schon. Da erscheint der Jakob oft. Trompetet der Ana etwas vor. Oder lässt sich vom Pandit die Ohren putzen. Oder diktiert dem Jaromir einen neuen Brief an den Papa ...

Der Papa scheint es jetzt eiliger zu haben als vor ein paar Monaten. Seit Fritz in die Schule geht, darf er während der Woche öfters mit den Großen zu Abend essen, und da merkt er, dass der Papa mit den Gedanken oft nicht bei den Menschen ist, die um den Tisch sitzen. Wahrscheinlich weil jetzt Dinge passieren, die früher nicht passiert sind. Die den Papa und die Mama und auch den Otto sehr beschäftigen. Zum Beispiel die Geschichte mit der Telefonzelle, die irgendjemand in die Luft gesprengt hat.

„Warum?“, will der Fritz wissen.

„Aus politischen Gründen“, sagt der Papa kurz und bündig. Früher hätte er erklärt, was man unter politischen Gründen versteht. Jetzt hat er dafür keine Zeit. Vor dem Haus in der Kopfsteinpflastergasse wartet schon der Chauffeur der Zeitung, der den Papa rasch in die Redaktion bringen muss.

Oder die Sache mit dem Attentat. Davon hört Fritz, als er beim Bäcker Stumpf ist, um die bestellten Semmeln abzuholen. Die Frauen, die vor ihm anstehen, sind darüber sehr erregt. Auf offener Straße habe irgendwer auf irgendwen geschossen.

„Es war ein Attentat", sagt eine der Damen, „natürlich politisch motiviert."

Die Eltern sind nicht da, als der Fritz nach Hause kommt. Wen könnte man fragen? Den Otto. Der liegt im Bubenzimmer auf seinem Bett und liest Karl May, „Im Lande des Mahdi", Band II.

„Was ist ein Attentat?", will er vom Bruder wissen. Der ist so im Bann des Buches, dass er den Fritz nicht einmal hört.

„Otto! Was ist ein Attentat!", schreit ihm der Fritz ins Ohr.

„Bist du deppert?!", schreit der Otto retour.

„Sie haben auf jemanden geschossen. Mitten auf der Straße. Ein Attentat, hat eine Frau beim Bäcker Stumpf gesagt. Otto, was ist ein Attentat?"

Eines muss man dem Otto lassen: Er weiß, was er seiner Verantwortung als älterer Bruder schuldig ist. Wenn der kleine Bruder eine Frage stellt, die Sinn macht, muss sie beantwortet werden. Selbst wenn Kara Ben Nemsi eben dabei ist, den Löwen zu töten, der sonst den Mahdi gemurkst hätte. Ohne das Buch aus der Hand zu legen oder sich dem Fritz zuzuwenden, knurrt er: „Ein Attentat ist eine Gewalttat."

„Wie ... Gewalttat ..."

„Irgendjemand greift einen Menschen an, mit einem Gewehr oder einer Pistole oder mit einem Messer ..."

„Warum?!"

„Weil er ihn töten will."

„Aber warum will er ihn töten?"

„Weil der andere anders denkt als der Täter. Oder weil der Täter etwas will, das der andere verhindern möchte ..."

„Aber das darf er doch nicht, der Täter. Dann ist er doch ein Verbrecher ..."

„Oder ein Irrer. Oder ein Ideologe. Oder ein irrer Ideologe."

„Otto, was ist ein Ideologe?!"

„Aus Maus!" Gnadenlos wendet sich Otto wieder dem Kara Ben Nemsi zu. Er beherrscht die Kunst des leidenschaftlichen Lesers, sich im Lesen durch kein Geräusch stören zu lassen, wenn man nicht gestört sein will. Der Otto ist an diesem Nachmittag für den Fritz nicht mehr zu erreichen.

Von Gewalt ist in diesen Tagen viel die Rede. Bei Tisch wird ständig über irgendwelche Schlägereien und Schusswechsel gesprochen. Die

Nationalsozialisten und die Christlich-Sozialen und der Schutzbund und wie sie alle heißen, die können sich überhaupt nicht leiden und schlagen sich gegenseitig die Schädel ein.

Papa weiß immer das Neueste, muss er ja auch, er muss schließlich darüber in der Zeitung schreiben. Die Mama und auch der Otto interessieren sich sehr für die Dinge, die er erzählt. Und sie lesen ständig in den vielen Zeitungen, die in der Wohnung herumliegen. Der Fritz ist gut im Lesen, sagt auch die Frau Lehrerin, aber natürlich noch nicht so gut, dass er auch Zeitungen lesen könnte. Die Überschriften schon. Obwohl er oft nicht versteht, was mit ihnen gemeint ist. Das Kleingedruckte, das geht noch mieser, und was es bedeutet, ist kaum zu verstehen.

Wen also fragen? Der Papa ist nur selten zu erwischen, die Mama ist auch nicht immer zu haben, weil sie viele Stunden am Tag an ihrem Schreibtisch sitzt und dichtet. Bleibt der Otto. Den kann man schon fragen, meistens kriegt man auch eine Antwort, manchmal freilich geht die Sache gründlich daneben. Wie diese Geschichte im Mai. Als der Garten hinterm Kopfsteinpflastergassenhaus wieder zum besten Spielplatz der Welt geworden ist.

Auf dem Weg dahin sticht dem Fritz im Vorzimmer eine Zeitung ins Auge, die irgendwer gelesen und unordentlich gefaltet zurückgelassen hat. „Regierung tritt zurück“, buchstabiert er laut. Und „Neuwahlen gefordert“ schafft er auch noch. Worum es da geht, will er wissen. Die Tür zum Klavierzimmer ist zu, also schreibt die Mama. Der Papa ist schon wieder unterwegs in die Redaktion. Bleibt, wie gesagt, der Otto.

Otto und seine Freunde bauen im hinteren Teil des Gartens eine Hütte. Den Fritz wollen sie eigentlich nicht dabeihaben. Aber da er bereit ist, Bretter zu schleppen und auch den Hammer zu suchen, den sie verlegt haben, darf er bleiben. Dabei lauscht er, was sich die großen Buben so erzählen. Mitreden darf er freilich nicht.

Also macht er zunächst auch keinen Mucks, als es zu einem Streit zwischen Otto und einem seiner Freunde, dem Hansi kommt. Der nämlich holt eines von diesen Hakenkreuzen, die immer mehr Leute angesteckt haben, aus seinem Hosensack, steckt sich's ans Hemd und sagt angeberisch: „Ich bin jetzt ein Nazi.“

Das regt den Otto schrecklich auf. Er schreit den Freund an. Schimpft laut irgendetwas von schrecklichen, grauslichen Nazis. Aber der Hansi grinst nur und trumpft auf: „Ich bin dabei. Die sind toll. Mit sechzehn kriegt man als Nazi ein Motorrad.“

Was sich der Otto und der Hansi danach an den Kopf werfen, kriegt der Fritz nicht mehr wirklich mit. Ganz deutlich sieht er nämlich ein großes, glitzerndes Motorrad vor sich. Er steigt auf. Es gehört ihm ganz allein, er ist glücklich ... Und laut ruft er aus: „Otto, ich bin auch ein Nazi!" Worauf der Otto ausholt und dem Fritz links und rechts eine klescht.

Die Demütigung vor den großen Buben ist eine Sache. Viel ärger noch: Abends erzählt der Otto, der sonst nie tratscht, dem Papa die ganze Watschengeschichte. Vom Anfang bis zum Ende. Vor allem aber, dass der Fritz ein Nazi werden will.

Der Papa sieht ernst drein. „Komm mit mir ins Herrenzimmer", sagt er zum Fritz.

Und als sie drin sind und der Fritz auf einem der Ledersessel sitzt, die noch zu groß für ihn sind, beginnt der Papa dem Fritz zu erklären, warum er, der Papa, und die Mama, und die restliche Familie, und viele der Freunde der Familie gegen die Nazis sind. Weil die nämlich den Menschen vorschreiben, was sie tun müssen und was sie nicht mehr tun dürfen. Weil man unter den Nazis vieles wird nicht mehr tun dürfen. Wer nicht pariert, wird bestraft. So wollen die Nazis den Menschen die Freiheit nehmen. In Deutschland sind sie schon an der Macht. Aber sie wollen auch in Österreich herrschen. Und wenn ihnen das gelingt, würde es auch hier viele Menschen in Schwierigkeiten bringen. Man würde nicht mehr unbekümmert sein.

Nicht mehr unbekümmert sein dürfen. Der Gedanke bekümmert den Fritz. Der Papa sieht dem Buben die Kümmernis am Nasenspitzel an.

„Feppchen, du musst dich nicht ängstigen. Noch können die Nazis in unserem Land nicht anschaffen. Aber man muss wachsam sein."

Dieser Moment in seinem Leben, in dem er unversehens einen enormen Schritt in seinem Verständnis der Welt vollzieht, beeindruckt den kleinen Fritz so sehr, dass er die Episode später wieder und wieder erzählen wird. Und noch etwas geschieht in dieser Dämmerstunde, das für den Verlauf unserer Geschichte fast wichtiger ist.

Fritz ist still, stellt keine Frage. Der Papa findet das ungewöhnlich, denn der Fritz ist ein leidenschaftlicher Fragensteller. Frage, Antwort, neue Fragen ... Also steht er auf, geht zu seinem Schreibtisch und nimmt die abgegriffene Ledermappe zur Hand, in der er Briefe aufbewahrt. Einen nimmt er heraus und wedelt damit.

„Schau, was ich da habe! Einen Brief vom Elefanten Jakob. Er ist erst gestern angekommen."

Das Gesicht von Fritz ist leicht zu lesen. Der Papa schaut es an und sieht die Wolken abziehen. Es wird heller und heller, das Kindergesicht, bis es von den Mundwinkeln bis zur Stirne lacht.

„Soll ich lesen?", fragt der Papa.

„Ja! Bitte!", kommt's zurück. Eine Art Jubelruf.

Der Papa setzt sich an seinen Schreibtisch, knipst die Lampe an, setzt die Brille auf, richtet sich zurecht und beginnt langsam, ganz langsam – wieder denkt Fritz: als hätte Papa Mühe, die Schrift zu entziffern – Jakobs Brief vorzulesen.

Budapest, im Juli 1934

Mein lieber Freund Ernst!

Ich hoffe, dass Ihr, Du und die Deinen, bei guter Gesundheit und froh seid. Hier in Budapest hat man gehört, dass es in Deinem Land neuerdings zu Unruhen kommt, und dass ziemlich viele Menschen Not leiden. Aber ist es nicht so, dass auf schlechtere Zeiten bessere folgen? Ich bin überzeugt davon, denn höre, wie sich mein Schicksal zu entwickeln scheint:

Zunächst sei angemerkt, dass auch hier, in Budapest, die Zeiten nicht gerade rosig sind. Ich kann das von den Gesichtern vieler Menschen ablesen, die zu uns in den Zoo kommen.

Die Kinder sind nach wie vor fröhlich, aber die Schultern der Erwachsenen sind gebeugt, auf ihnen scheinen Sorgen zu lasten.

Und Sorgen hat offenbar auch der Direktor unseres Zoos. Die Erhaltung von uns großen Wildtieren macht ihm Schwierigkeiten. Zu wenig Pflegepersonal, wenig Geld für Futter. Wenn ich an meinen Kollegen Burgos denke – du weißt, der dicke Wichtigmacher aus Kaschmir, der jetzt David heißt –, kann ich den Direktor verstehen. Der Burgos frisst nämlich für drei! Manchmal bedient er sich auch noch am Vorrat seiner Schwester, die immer dünner wird, und der ich manchmal etwas von meinem Futter zustecke, weil sie mir leidtut.

Wie dem auch sei, es ist die Rede davon, dass der Burgos in Budapest bleiben wird, während Ana und ich nach Lissabon kommen sollen. Das ist die Hauptstadt eines Landes namens Portugal. Eine Hafenstadt, von der Schiffe auch nach Indien gehen, nach Goa, das wiederum eine Kolonie von Portugal ist.
Und, Ernst, jetzt halte Dich fest, jetzt kommt's: Während Ana im Zoo von Lissabon bleiben wird, soll ich in einem der Schiffe nach Indien zurückgebracht werden!
All das hat Pandit in der Direktion des Zoos erfahren. Und weil Pandit in den Jahren unseres gemeinsamen Lebens etwas Elefantisch gelernt hat, konnte er mich von diesen Entwicklungen in Kenntnis setzen.
Kannst Du Dir vorstellen, wie aufregend das alles für mich ist? Ich werde eine lange Reise zu Land und eine noch längere zur See machen. Ich werde meine Heimat wiedersehen. Selbstverständlich werde ich Dich weiterhin auf dem Laufenden halten.
Meine Briefe diktiere ich jetzt übrigens nicht mehr dem Jaromir, der mit dem Alter Rheuma in den Fingern bekommen hat und seiner Schmerzen wegen nicht mehr schreiben kann. Er besucht mich jetzt selten. Meistens ist er im Büro des Direktors zu finden. Dem sitzt er auch gerne auf der Schulter, besonders dann, wenn der Direktor seine Runden durch den Zoo macht. So macht er sich wichtig, der Jaromir. Typisch Affe!

Meine Briefe an Dich schreibt jetzt der liebe, treue Pandit, der dafür extra einen Schreibmaschinenkurs in Budapest absolviert hat. Du siehst, wir werden in Verbindung bleiben können.
Auf bald, lieber Ernst!

Dein getreuer Freund
Elefant Jakob

Kein einziges Mal hat Fritz den Vater diesmal unterbrochen. Mit glänzenden Augen, wie verzaubert sitzt er in dem ledernen Sessel. Er stellt keine Fragen. Er ist einfach zufrieden.

„Alles in Ordnung, mein Sohn?“, fragt der Papa. Fritz nickt stumm. Der Papa hat ihn trotz der Nazi-Geschichte lieb, sonst hätte er ihm den Jakob-Brief nicht vorgelesen. Ja, die Welt ist wieder in Ordnung. Froh macht er sich auf ins Bubenzimmer, wo Otto an seinem Schreibtisch sitzt. Nicht über Kara Ben Nemsi, sondern über seinem Lateinbuch.

„Du“, sagt der Fritz und bleibt dicht neben Otto stehen, „der Papa ist überhaupt nicht böse gewesen wegen dem Nazi. Er hat gar nicht mit mir geschimpft.“

„Hm“, macht der Otto.

„Er war ganz lieb.“

„Hm."

Fritz überlegt, ob er Otto vielleicht in Ruhe lassen soll. Es könnte sonst wieder Streit geben. Der von heute Nachmittag hat genügt. Aber dann reitet ihn der Teufel.

„Du, er hat mir etwas vorgelesen", sagt er.

„Was?" Otto schaut nicht einmal auf.

„Sag ich nicht!"

„Dann lass es bleiben."

„Ich sag's eh nicht, weil es ein Geheimnis ist."

„Dann halt den Mund!"

Das könnte der Fritz natürlich tun. Es wäre gescheiter. Aber nein, die Versuchung, etwas zu wissen, was der Otto nicht weiß, ist zu groß.

„Der Papa hat einen Freund."

Keine Antwort.

„Der Freund heißt Jakob."

Wieder nichts.

„Der Freund ist ein Elefant!"

Otto schüttelt den Kopf und grinst vor sich hin. Was den Fritz so ärgert, dass er dem Bruder laut an den Kopf wirft:

„Der schreibt dem Papa Briefe! Auf Elefantisch!"

Da schaut der Otto endlich auf. Wieder schüttelt er den Kopf und sieht den kleinen Bruder an, als wäre der nicht ganz dicht.

Und dann sagt er etwas, das Feppchens Welt wanken lässt.

Fassungslos schaut er den Otto an. Der wendet sich grade wieder seinem Lateinbuch zu, als wäre es nicht von Bedeutung, was er eben gesagt hat. Der Fritz holt Luft, beugt sich vor, haut mit seiner Faust auf Ottos Schreibtisch, dass das Lateinbuch einen Hopser macht, und schreit: „Das ist nicht wahr!"

Der Otto bleibt ganz ruhig. Er wischt Fritzens geballte Hand vom Tisch, als handle es sich um eine Fliege, und sagt ziemlich freundlich: „Frag ihn doch, den Papa, wenn du mir nicht glaubst."

Fritz fragt den Vater *nicht*. Er hört einfach auf, über Elefanten zu sprechen. Der Vater erwähnt den Jakob auch nicht mehr. Lange. Einige Jahre lang. Bis zu jenem Tag, da es gewiss ist, dass die Nazis in Österreich die Macht übernehmen werden.

Der Papa hat den Fritz ins Herrenzimmer gerufen, um ihn darauf vorzubereiten, was der Familie, von der man weiß, dass sie gegen die Nazis ist, von nun an für Gefahren drohen könnten. Es ist März, im Garten haben die Knospen angesetzt, aus dem Salon duften Hyazinthen, Mamas Lieblingsblumen, herüber. Die Kopfsteinpflastergassenwelt ist so friedlich, wie sie immer war, solange der Fritz zurückdenken kann. Und jetzt soll Schluss sein mit dem Frieden?

Der Papa sieht die Unruhe im Gesicht seines Sohnes. Es ist immer noch ein Bubengesicht, obwohl der Fritz im letzten Jahr in die Höhe geschossen ist wie ein Spargel und es sich doch schon ahnen lässt, wie Fritz, der Mann aussehen wird. Er seufzt ein wenig.

„Ich denke, dass man dem Schlechterwerden ins Auge sehen muss“, sagt er.

„Aber man muss auch daran glauben, dass den schlechteren Zeiten bessere folgen.“

Irgendwann hat der Fritz diesen Satz schon gehört ... *Ist es nicht so, dass auf schlechtere Zeiten bessere folgen?*

Das Gehirn ist eine wunderbare Suchmaschine. Es kann die Zeit zurückrasen lassen. Schon sitzt der Fritz wieder im ledernen Sessel im Herrenzimmer, der zu groß für ihn ist. Der Papa sitzt am Schreibtisch, die Schreibtischlampe beleuchtet sein Gesicht, er liest einen Brief vom Elefanten Jakob vor, einen jener Briefe, die den Fritz auf einen anderen Stern befördern. Sekundenlang hat er das Gestern vor Augen ...

Im Garten hebt sich ein Wind. Er weht durchs offene Fenster, Mamas Hyazinthen duften herüber, Fritz atmet durch. Er sieht den Vater an, sieht plötzlich grau gewordenes Haar und schärfere Falten im vertrauten Gesicht. Er beugt sich hinüber zum Vater, streicht über den Ärmel des ewig grauen Anzugs und sagt leise:

„Lieber, lieber Papa ...“

Wien, im Frühling 1938

... Das Gehirn, ja. Das von uns Elefanten ist etwa viermal so groß wie das der Menschen. Was man aber nicht überbewerten sollte, es ist ja schließlich in Relation zum Körpergewicht zu sehen.
Unser Gedächtnis freilich ist sprichwörtlich. Was mich zu der Überlegung führt, ob etwa das des jungen Fritz mit dem meinen wird Schritt halten können. Für mich ist das insofern von Bedeutung, als mein Überleben davon abhängt. Ein Faktum, das im Geheimnis meiner Geburt begründet liegt.
Werde ich die Wirren der kommenden Zeiten überstehen? Vielleicht werde ich verdrängt. Oder vorübergehend vergessen. Es ist auch durchaus möglich, dass ich für immer untergehe.
Obwohl es heißt, dass in einem gesunden menschlichen Hirn einmal Festgemachtes auf immer abrufbar bleibt. Also darf ich hoffen, dass der Fritz mich unter „Elefant Jakob" gespeichert hat. Und dass der Fritz in näherer Zukunft keinen gröberen Schaden an Leib oder gar Leben nimmt. Und ich werde bis auf Weiteres vor mich hin dösen. Mit halb geschlossenen Augen werde ich diesen Buben beobachten, der langsam zu meinem Alter Ego wird. Im Übrigen werde ich aufhören, Briefe zu schreiben. Wer würde sie lesen? Nein, in Zukunft bleibe ich besser beim Denken.

Jakob und der wilde Kerl

Die Sekretärin würde sich für ihn vierteilen lassen. Obwohl sie ihn weder für gütig, noch für verständnisvoll und schon gar nicht für geduldig hält. Es liegt an seiner Aura – der eines Mannes, der mit jeder Situation fertig wird. Es prägt halt, wenn einer als sehr junger Mensch sein Leben riskiert, um den Tyrannen zu stürzen. So einer zieht auch später den Kopf nicht ein, wenn es brenzlig wird. Ein Hasardeur, sagen viele, die seine Unternehmungen verfolgen. Auch die Sekretärin denkt im Stillen, dass er zur Tollkühnheit neigt. Aber in all den Jahren, die sie jetzt für ihn arbeitet, ist ihm das Glück treu geblieben. Weil er ein Gerechter ist, denkt die Sekretärin.

„Ich brauche die Mappe mit der Privatpost, Frau Uhland."

Alle Versuche ihres Chefs, seine Sekretärin genealogisch mit dem gleichnamigen Dichter zu verquicken, waren fehlgeschlagen. Keine wie immer geartete Verwandtschaft mit dem König der deutschen Ballade, wehrte sie stets ab.

„Welcher Jahrgang, bitte?"

„1959 ... und nehmen Sie 1960 dazu."

Iris Uhland, eine wortkarge Mittfünfzigerin von kräftiger Statur, ist erstaunlich wendig, wenn es darum geht, eine Anordnung ihres Chefs zu befolgen. Seine Worte lösen in ihr einen Bewegungsablauf aus, den man als geschmeidig bezeichnen könnte: kurzes bestätigendes Nicken, gleichzeitiges Fahrtaufnehmen, zügige Schritte ins Archiv, ein sicherer Griff in das richtige Regal, treffsicher die richtige Mappe entnehmen, auf dem Absatz wenden, retour ins Büro des Chefs, Mappe auf den Schreibtisch legen. „Bitte sehr."

Einige Augenblicke wartet sie zu. Mit langen Schritten quert der Chef sein weites lichtes Büro, rastlos, wie er nun einmal ist. Am Schreibtisch sitzt er selten, das ruhige Sinnen ist seine Sache nicht. Keine Höflichkeiten heute? Kein „Danke, Frau Uhland, Sie können gehen"? Also geht Frau Uhland nach einigen Sekunden des Zuwartens unaufgefordert, rasch und bestimmt, auch hier einem üblichen Vorgang folgend, und schließt leise die Tür.

Er ist nicht einer, dem man Gemessenheit nachsagen würde, dieser Chef. Auch während seiner Sitzungen mit seinen Mitarbeitern geht er gerne auf und ab, während die anderen sitzen, wobei er, wenn er redet, nachdrücklich gestikuliert. Intern nennt ihn seine Mannschaft Eff Emm. Die Verbalisierung seiner Initialen. FM, das Alphatier seiner Herde.

FM tritt an den Schreibtisch, schlägt die beiden Mappen auf und blättert sie durch. Beidhändig. Schnell. Wonach er sucht, ist ein Schreiben der von ihm seit einigen Jahren geschiedenen Mutter seiner Töchter. Es geht um eine Regelung die Ferien der Kinder betreffend, die sie bei ihrem Vater verbringen wie eben jetzt, im Landhaus von FM.

Viel Maschingeschriebenes, vereinzelt Handschriftliches, chronologisch geordnet. Müsste leicht zu finden sein, das Gesuchte.

Da, mitten unter den 1959ern ein Irrläufer. Ein handgeschriebener, mehrere Seiten langer Brief aus dem Jahr 1953. Der Briefkopf: „DIE PRESSE." Das Datum: 31. Juli 1953. Die vertraute, gut leserliche Schrift des Vaters. *„Liebe Buben, lieber Otto, lieber Fritz ..."*

Wie kommt dieser Brief ausgerechnet in die Scheidungsmappe? FM lässt sich in seinen Schreibtischsessel fallen. Mein Gott! Papas Abschiedsbrief an seine Söhne, elf Tage vor seinem Tod verfasst! Zärtlich streicht er über das leicht vergilbte Papier und beginnt zu lesen. Die Gegenwart bricht weg, der Druck in der Gurgel wächst, die Augen werden feuchter, die angerauchte Zigarette verglimmt im Aschenbecher.

Liebe Buben, lieber Otto, lieber Fritz! Wenn es sein soll, so soll es sein ...

Ja, er hat gewusst, dass es ans Sterben geht. Obwohl es zunächst nicht so ausgesehen hat. Gute Chancen nach der Operation, Erholung im Gasteinertal bereits angesagt, damit es schneller geht, noch eine Bluttransfusion, und die war die falsche ...

Ich wäre gerne noch geblieben ... Ja, das wäre er wohl. Weil es nach Mamas Tod ja noch die Zeitung gab. Für sie lebte er jetzt ausschließlicher denn je. „Seine" PRESSE. Sie war zum Lebensinhalt geworden. *Ich habe meine Arbeit nicht als Geschäft gesehen, sondern als Arbeit an der Zeit* ... Wie wahr. Er hatte eine andere Sicht auf den Journalismus als die heute übliche, eine die den Autor ethisch verpflichtet ... Was würde er zum „Zeitungskrieg" gesagt haben, der Papa? Diesem Kampf um den Boulevardzeitungsmarkt, den das Feppchen von einst vor ein paar Jahren angezettelt und reißerisch geführt hat. Der die Öffentlichkeit im Lande tagelang in Atem gehalten hat. Nein, den hätte der Papa nicht gutgeheißen.

FM greift nach der Zigarettenschachtel, legt sie wieder weg, fährt mit seinen langen Fingern mehrmals über seinen Kopf. *Verirrt Euch nicht auf Nebenwegen ... Im Leben geht es um das, was man Ideale nennt* ... Ideale, ja, die hatte man im Elternhaus. Ohne sich mit ihnen groß zu tun. Man hatte sie einfach, sie waren Teil des jeweiligen Selbst. Der Papa hatte die seinen über den Krieg gerettet. Und ich, denkt FM flüchtig, liest weiter ...

Betet, wie Mama gebetet hat. Versucht wenigstens, es zu tun ... Beten. Als er jung war, der Papa, hat er nicht gebetet. Er hat es erst von Mama gelernt. Vielleicht war es ja das Beten, das sie als Paar so unglaublich stark, so untrennbar gemacht hat. Die Eltern hatten vorgelebt, was er selbst auch gerne leben würde. Zweimal hat er es versucht, beide Male erfolglos.

Das Telefon summt, Frau Uhland kündigt den nächsten Besucher an, „zwei Minuten noch“, sagt FM.

Lebt wohl, ich habe Euch sehr lieb, und so soll es auch von drüben bleiben.

Papa …

Er steht auf und tritt an die nach Nordosten gerichtete Fensterfront. Schräg vor ihm der Leopoldsberg, tief unter ihm die Gleise der Franz-Josefs-Bahn, Station Heiligenstadt, auf die er so gerne schaut. FM ist ein Eisenbahnfreak. Er kennt den Fahrplan auswendig, kontrolliert die An- und Abfahrtszeiten der Züge, manche seiner Freunde behaupten, er hätte sein Medienhochhaus nur an diese Stelle gebaut, um den Bahnverkehr im Auge zu haben. Unten fährt eben ein Zug ein. „Der 12h30er aus Absdorf-Hippersdorf“ – er schaut gewohnheitsmäßig auf seine Uhr – „zwei Minuten verspätet“.

Zurück an den Schreibtisch, von wo er Richtung Nordwesten die alte Kopfsteinpflastergasse weiß, per Luftlinie bloß ein Katzensprung … Ein Druck auf den Summer: „Frau Uhland, ich lass' den Herrn bitten. Und sagen Sie die anderen Termine ab. Ich fahre heute früher hinaus zu den Kindern."

Die Fahrt ins Landhaus dauert jetzt, am frühen Nachmittag, nicht mehr als vierzig Minuten. Mäßiger Verkehr auf der funkelnagelneuen Autobahn Richtung Süden. Auf der Landstraße, die zur Hohen Wand führt, dann und wann ein Traktor. Der Mercedes surrt leise, ein Geräusch, das dem Nachdenken förderlich ist ... Die letzten Tage vom Papa ... Otto und er am Totenbett ... Das alte Zuhause in der Kopfsteinpflastergasse, in dem jetzt der Otto mit seiner Frau und seinen Kindern wohnt ... „Ich muss den Kindern mehr von ihrem Großvater erzählen!" FM sagt es laut.

Da wo der Föhrenwald am unteren Hang der Hohen Wand in Bauernwiesen übergeht, hat er ein Haus gebaut. Es ist ein Haus in großem Stil, ohne aufhauerisch zu sein, auf gewisse Weise ein Spiegelbild seiner Wesensart. Ein weites, für Freunde und andere spannende Menschen offenes Haus. Mit Hausmeister und Köchin und einem riesigen Berner Sennenhund. Mit offenem Kamin und großem Pool, den FM beharrlich das Schwimmbecken nennt. Mit ein paar Gästezimmern und einem Kinderzimmer, das groß genug ist, um neben den drei eigenen Kindern noch Gastkinder zu beherbergen. Ein Haus, an dem sich neben der Erfolgsgeschichte seines Besitzers die der Nachkriegszeit ablesen lässt.

Die Kinder sind erstaunt, den Papa schon am frühen Nachmittag ankommen zu sehen. Und keine Gäste werden erwartet! Keine Artigkeiten werden eingefordert! Es gibt eine Wasserschlacht am Nachmittag, wobei der Papa eindeutig zu seiner Jüngsten hält. Und es findet ein gewaltiges Canasta-Match gegen Abend statt, welches der Papa gewinnt. Er gewinnt fast immer, weil er sehr gerne gewinnt.

Und als der Mond über den Föhren steht und der mächtige Hund wachsam ums Haus zu streichen beginnt, kommt der Papa ins Kinderzimmer, um mit ihnen das Vaterunser zu beten. Die Kinder sind überzeugt, dass dieser Tag ein besonders geglückter ist und nicht mehr besser werden kann.

FM betrachtet seine drei Töchter, acht, sechs und vier Jahre alt. Ähnlichkeiten erschöpfen sich in ihren blonden, wilden Lockenköpfen. Die Älteste pflegt das Wort zu führen, sie hat ihre jüngeren Schwestern fest im Griff. Nummer zwei ist schon jetzt eine zarte, scheue Schönheit. Und Nummer drei ein Schelm mit Charme.

Wie üblich ist er von Bett zu Bett gegangen und hat sie zugedeckt. Die Kinder warten auf sein „Gute Nacht, träumt von den Englein“ und darauf, dass er das Licht ausknipst. Indes, heute bleibt der Papa stehen und sieht sie an, als müsse er sich über etwas klar werden. Dann greift er sich einen der Kindersessel, stellt ihn so zwischen die Betten, dass er die drei Gesichter im Blick hat, und sagt, mehr als er fragt: „Habe ich euch schon einmal von eurem Großpapa erzählt?"

Die Frage kommt unerwartet, vom Zeitpunkt wie vom Inhalt her, drei Augenpaare, schon im Vorschlaf-Modus, werden wieder groß. „Nein, hast du nicht", sagt die Älteste in dem ihr eigenen, für ein Kind ihres Alters sehr bestimmten Ton.

„Also", beginnt FM, blickt kurz in die Gesichter seiner Kinder und dann hinüber zu dem großen Fenster, hinter dem vereinzelte Sterne über den Föhren blinzeln, und beginnt: „Also, er war ein Journalist. Er hat schon vor dem Krieg für die beste Tageszeitung im Lande gearbeitet, für die ‚Presse'. Dann kam der Hitler, der hat die ‚Presse'. zusperren lassen, weil sie gegen ihn geschrieben hat. Aber nach dem Krieg hat euer Großpapa sie wieder gegründet und bis zu seinem Tod geleitet." Die Kinder sehen ihn schweigend an. Keines stellt eine Frage.

„Eigentlich war mein Papa ein Historiker." FM ist in Fahrt gekommen. „Er hat in Wien und Berlin Geschichte studiert, und dazu noch Jus und Archäologie. Sein Doktorat hat er in Wien gemacht. Er war ungeheuer gescheit und gebildet ... 1911, also noch vor dem Ersten Weltkrieg, ist er als Honorardozent an die Eötvös-Loránd-Universität nach Budapest gegangen – nach Budapest, in die elegante, aufregende Hauptstadt Ungarns, das damals noch ein Königreich war. Als er dort angekommen ist und auf der Universität unterrichtet hat, war er grade erst fünfundzwanzig Jahre alt! So jung noch. Das müsst ihr euch einmal vorstellen ...!"

Er macht eine Pause und wartet auf eine Reaktion, aber die Kinder stellen keine Fragen. Die beiden Älteren schweigen höflich, der Jüngsten fallen langsam die Augen zu. FM muss sich etwas einfallen lassen, wenn er ihr Interesse am Großvater wecken möchte. Er wartet ein paar Augenblicke, ehe er fortfährt.

„Na ja, und dort, in der schönen Stadt Budapest an der Donau ... da ist mein Papa jemandem begegnet, der mit der Zeit sein bester Freund wurde."

Der Gedanke ist ihm schlagartig gekommen, er glaubt, das alte Kinderzimmer in der Kopfsteinpflastergasse an einem ganz bestimmten Abend im Frühling zu riechen. Dramaturgisch wirksam lässt er sich ein wenig Zeit mit dem Knalleffekt: „Und dieser Jemand war ... ein Elefant!"

Den „Elefanten" schmettert er. Wusch – drei Augenpaare werden groß und fokussieren auf den

Vater. Die Stirn der Ältesten legt sich in inquisitorische Falten, die Wimpern der Zweiten flattern aufgeregt, Nummer drei quietscht beglückt und kräht: „So einer wie der Dumbo? Kann er auch fliegen?“

FM ist zufrieden, er hat die Neugier der Kinder geweckt. „Nein“, sagt er, „fliegen kann er nicht. Aber er hat Briefe an euren Großvater geschrieben. Und im Zoo von Budapest, wo der Elefant gelebt hat, haben sie sich viele Stunden und Tage miteinander unterhalten. Er heißt Jakob, der Elefant.“

„Aber Papa, wie ist das gegangen, das mit dem Unterhalten? Wie haben sie miteinander sprechen können? Und ein Elefant kann doch keine Briefe schreiben.“

Das ist FM's Große. Keine Leichtgläubige. Er wird ausholen müssen.

Also erzählt er von jenem Frühsommerabend, an dem sein Vater mit dem ersten Brief des Jakob an seinem Bett gesessen ist und ihm damit eine Welt geschenkt hat. Erzählt, woran er sich noch erinnern kann. Erzählt von einer Sprache, die Elefantisch heißt. Erzählt von Pandit. Und vom Affen Jaromir. Und wie der Jakob aus Cochin nach Budapest gekommen ist. Wie er mit dem jungen Historiker aus Wien bekannt wurde. Was sich im Zoo alles ereignet hat. Und schließlich auch davon, dass der Elefant Jakob wieder nach Indien zurückkehren sollte ...

Die Kinder haben atemlos zugehört, es dauert, bis die Älteste ihn schließlich unterbricht: „Hast du noch diese Briefe, Papa? Kannst du sie uns einmal zeigen?"

Die geheimnisvollen Briefe, ja. „Die sind im Krieg leider alle verschwunden. Aber ich kann mich gut an sie erinnern. Mein Papa hat sie mir gezeigt. Einer der letzten war der, in dem der Jakob von seiner Reise quer durch Europa geschrieben hat. Vom Budapester Zoo bis zum Hafen von Lissabon musste er es schaffen, weil er dort, in Lissabon auf ein Schiff sollte, das ihn nach Indien zurückbringen würde ..."

Vom langen Hocken auf dem Kindersessel sind FM's lange Beine eingeschlafen. Er steht auf, streckt sich, schaut seine Töchter nach der Reihe an und sieht erst jetzt, dass die Jüngste eingeschlafen ist. Wieso hat er es nicht gemerkt? Weil er sich mit seinen Geschichten vor allem an die Große gewendet hat. Sie ist eine kritische, aber gute Zuhörerin.

„Schluss für heute, meine Damen."

„Bitte Papa, nur noch ein bisschen." Die helle zögerliche Stimme seiner Zweiten. Ob sie alles verstanden hat? Die alte Kinderfrau der Familie, die Mia könnte ihm sagen, dass es hier nicht um Verstehen geht. Dass für das Kind die ungeteilte Aufmerksamkeit und die Gegenwart des Vaters etwas

Seltenes, Wunderbares ist, etwas, das man nicht verlieren will.

„Fortsetzung folgt. Morgen erzähle ich weiter. Gute Nacht, und träumt von den Englein.“ Licht aus.

Es ist spät. Der Mond steht über der Hohen Wand. Der große Hund beendet seine Runden ums Haus, bezieht draußen unter der Fensterwand des Kinderzimmers Posten, schnauft tief auf und schläft ein.

Das Haus an der Hohen Wand ist ein gastfreundliches. Neben dem Haupthaus gibt es einen Pavillon mit ein paar Gästezimmern, im großen Wohnraum des Haupthauses steht ein Esstisch, an dem bis zu zwanzig Personen Platz finden, und derartige Tischgesellschaften sind keine Seltenheit. Die dafür nötigen Einkäufe erledigt FM selbst. Er liebt es, mit einer von der Köchin erstellten Liste in die nahe Stadt zu fahren, mit dem gewaltigen Henkelkorb auf den Markt zu gehen und zu besorgen, was gebraucht wird. Das Ausmaß seiner Einkäufe macht ihn zu einem der beliebtesten Kunden am Wochenmarkt.

Am Morgen nach dem Abend, an dem der Elefant Jakob in das Leben der Kinder getreten ist, hört die Große, wie der Papa ein Menü mit der Köchin bespricht. Für den Abend erwarte man Gäste. Das

Kind hat in der Nacht von Elefanten geträumt, schattenhaft ist da auch ein alter Mann aufgetaucht, der Briefe in den Händen hielt, es gibt so viele Fragen, die sie dem Papa zum Großvater und dem Jakob stellen möchte. Sie erwischt ihn, als er dabei ist, das Haus zu verlassen. „Wirst du heute Abend vom Elefanten weitererzählen können, Papa, auch wenn Leute kommen?"

FM ist in Eile, er ist auf dem Sprung nach Wien, er wird im Büro erwartet. Die Stimme seiner Ältesten hat etwas Bestimmtes, etwas, das Ausreden nicht gelten lässt, also kein langes Gesums. „Das wird sich nicht ausgehen. Aber morgen abends! Spätestens übermorgen! Sicher!" Weg ist er.

Wenn Freunde des Hauses zu Gast sind, sitzen die Kinder mit bei Tisch. Sie sind gut erzogen, sind daran gewöhnt, sich mit Erwachsenen zu unterhalten, ohne vorlaut zu sein. Die Große kann das gut. Die Mittlere ist schüchtern und antwortet nur, wenn sie gefragt wird. Die Jüngste unterhält vor allem sich selbst. Auf einem durch Pölster erhöhten Sessel positioniert, verfolgt sie das Geschehen um den Tisch und spiegelt es mimisch wider.

„Wer kommt?", fragt die Älteste, als der Vater aus Wien zurückkehrt. FM nennt ein paar Namen, „und der Onkel Jakob", sagt er schließlich. Den hat er sich bis zum Schluss als Überraschung aufgehoben. Einer seiner engsten Freunde. Die Kinder lieben ihn. Seiner phantastischen Geschichten und seiner schrägen, fernöstlichen Augen und seiner Fähigkeit wegen, sich dem Augenblick hinzugeben, als wäre er selbst noch ein Kind.

Abends, bei Tisch, hat die schüchterne Mittlere den begehrten Platz neben diesem Jakob erobert. Mit ihm redet es sich so leicht. Er will *wirklich* wissen, wie es einem geht und was man den ganzen Tag lang treibt. „Weißt du was, Onkel Jakob? Wir … wir haben … wir haben jetzt einen Elefanten in der Familie“, sagt sie. Ein Hauch von Stottern ist ihrer Aufregung geschuldet. „Und weißt du, wie der heißt? Der … der heißt wie *du*!“

Onkel Jakob nimmt die Mitteilung auf, als wäre ein Elefant in der Familie eine Selbstverständlichkeit. „Das ist auf jeden Fall ein Gewinn. Elefanten sind kurzweilige Wesen“, sagt er trocken. Er denkt ein Weilchen nach, seine Augenlider senken sich, fast als würde er einschlafen, dann lässt er einen winzigen Lacher hören, das Lachen klingt so weich wie Onkel Jakobs Stimme, wenn er spricht. „Was die mit ihrem Rüssel alles können! Mit dem holen sie nicht nur ihr Futter … Mit dem können sie Bäume ausreißen und eine Stecknadel vom Boden aufheben und verborgene Wasseradern aufspüren. So, als ob ihr Rüssel ein drittes Auge wäre. Und sie haben ein tolles Gedächtnis. Darum sind sie treue

Freunde, weil sie Gutes nie vergessen. Aber wenn ihnen jemand etwas antut … das wäre für den Täter schlecht. Weil vergessen werden Elefanten *nie*! Und weißt du, was sie noch können? Sie können weinen …"

„Wirklich weinen?"

„Ja. Wenn sie traurig sind, dann weinen sie echte, salzige Tränen. Genau wie wir Menschen."

Viele Fragen liegen dem Kind auf der Zunge, aber ausgerechnet jetzt richtet das Gegenüber von Onkel Jakob das Wort an ihn und verwickelt ihn rücksichtslos in ein Gespräch. Das Kind bleibt stumm bis nach dem Dessert, als der Papa seinen Töchtern einen Wink gibt – es ist an der Zeit, höflich Gute Nacht zu sagen und im Kinderzimmer zu verschwinden.

„Gute Nacht, Onkel Jakob. Und danke für die Elefantengeschichten", sagt FM's Zweite artig. Plötzlich couragiert, fügt sie hinzu: „Kannst du vielleicht noch zu uns kommen und ein bisschen weitererzählen, vorm Schlafengehen?" Das wird nichts, denkt sie gleich darauf. Der Papa, der ihre Bitte mitbekommen hat, wedelt mit den Fingern „Nein" und mit den Augen „Abmarsch".

Aber zu guter Letzt, nachdem der Papa schon kontrolliert hat, ob sie auch in ihren Betten liegen, und mit ihnen ein Vaterunser gebetet und das Licht ausgeknipst hat und die Große schon

Buch und Taschenlampe unter der Decke sucht, geht die Türe noch einmal sachte auf. Von ferne hört man das Stimmengewirr der Erwachsenen. Im Gegenlicht ist die Gestalt vom Onkel Jakob zu erkennen.

„Pst“, macht er leise, „schlaft ihr schon?“

„Nein“, kommt es dreifach, freudig erregt, und ebenso leise zurück.

Weil Onkel Jakob in jeder Hinsicht anders ist als alle Freunde des Papa, dreht er weder das Licht an, noch sucht er im Dunkel nach einem Stuhl, sondern er setzt sich einfach im Türkensitz auf den Boden und beginnt ohne Einleitung, mit seiner weichen Singsang-Stimme von einem indischen Elefanten zu raunen.

„Es ist ein weißer Elefant gewesen. Solche gibt es nur ganz, ganz selten. Darum hat ihn der Maharadscha von Punjab auch zu seinem Reittier erwählt und ihn mit Gold und Edelsteinen behängen lassen. Die Menschen auf den Straßen sind vor Ehrfurcht auf die Knie gefallen, wenn der Maharadscha auf seinem weißen Elefanten zur Jagd in den Dschungel geritten ist. Der Anblick war so wunderbar, dass man einfach knien *musste*. Aber auch im Dschungel hatte man einen Mordsrespekt vor diesem besonderen Tier. Wenn es seinen Rüssel aufwärts geschwungen und trompetet hat, sind sogar alle Tiger in der Gegend erschrocken und haben sich verkrochen. Nur einer hat es nicht getan. Das war ein riesiger, sehr gerissener Tiger. Er hat sich von hinten an den weißen Elefanten angeschlichen und hat sich schon geduckt, um ihn anzuspringen. Aber Elefant sind *sehr* kluge, feinfühlige Wesen, und dieser Weiße hat den Tiger natürlich bemerkt. Er hat so heftig mit seinen großen Ohren gewachelt, dass ein Wind entstanden ist, der den Maharadscha fast von seinem Hochsitz am Elefantenrücken gefegt hätte. Und obwohl der Elefant so riesengroß war und so gewaltige, dicke Beine hatte, konnte er sich blitzschnell auf einem einzigen Bein aufrichten, sich drauf drehen wie eine Ballerina und ..."

In diesem Augenblick geht das Licht an. Der Papa ist gekommen. „Schluss jetzt, es wird geschlafen", sagt er, dreht das Licht wieder aus, murmelt dem Onkel Jakob etwas zu, hilft ihm auf die Beine und geht mit ihm ab.

„Der Onkel Jakob hat überhaupt nix vom Jakob erzählt", hört man die Jüngste im Dunkel zirpen.

„Aber seine Geschichte war doch auch irgendwie schön ...", findet die Zweite.

„Wir warten auf die vom Papa. Über die Reise vom Elefanten Jakob. Er hat's uns versprochen. Und das wird er halten", sagt die Große bestimmt. Ausreden würde sie nicht gelten lassen.

Im Berufsleben von FM ist Unvorhergesehenes die Regel. Seine Entschlüsse zur Lösung von plötzlich auftretenden Problemen fallen schnell. Wer mit FM arbeite, segle nie in ruhigem Gewässer, hat einer seiner Mitarbeiter einmal gesagt. Es sei mit Gewittern zu vergleichen: immer wieder plötzlich Sturm, dunkle Wolken, mörderischer Donner. Da fährt FM als personifizierter Blitz durchs Geschehen – und schon wird's wieder blau am Horizont. Bis zum nächsten Gewitter.

So ein plötzliches Gewitter hat es wohl gegeben, zwei Tage müssen die Kinder auf die Fortsetzung der Geschichte vom Jakob warten.

„Aber heute!“, sagt die Jüngste, die auf die Rückkehr des Vaters gelauert hat und am hölzernen Tor der Auffahrt schaukelt.

„Heute was?“, fragt FM geistesabwesend, während er das Kind vom Tor hebt.

„Na der Elefant, Papa! Der Jakob! Du hast es versprochen!“

„Ah – ja – der Elefant!“

„Kannst du gleich anfangen mit Erzählen? Gleich jetzt? Bitte!“ Sie hüpft an seiner Seite, was der Bitte Nachdruck verleihen soll.

„Nein, wartet bis zum Abend“, sagt er und will in seinem Arbeitszimmer verschwinden, das Kind drängelt nach.

„Warum?“

Der Vater überlegt nie lange, seine Antworten kommen prompt. Weil er halt schnell denkt, hat ihnen die alte Mia das Phänomen einmal erklärt.

„Weil es eine Gute Nacht-Geschichte ist, damit man besser vom Jakob träumen kann. So …“, sagt er und schiebt das Kind aus seinem Zimmer.

„Und jetzt?“, fragt er abends, nach dem Beten, zieht dabei die Stirn in Querfalten und lacht dazu.

„Jakob! Jakob!“ Das ist die Kleinste, in höchsten Tönen.

„Wo waren wir stehen geblieben?“

„Bei der Reise, Papa“, sagt die Große wie aus der Pistole geschossen.

„Welche Reise?“

„Na die vom Jakob. Er soll doch nach Indien.“ Wieder die Große, leicht ungeduldig. Die Gesichter der Jüngeren sind ihm voll Erwartung zugewendet, ein schöner Moment, denkt FM ein wenig gerührt, Vergangenheit und Gegenwart fließen ineinander.

„Ja, die Reise … also passt auf: Der Jakob und die Ana …“

„Wer ist die Ana?“, piepst die Kleinste.

„Na, das ist das Elefantenfräulein, das mit dem Jakob im Zoo von Budapest war.“

„Wieso fahrt die mit?“

„Also … die muss halt auch nach Lissabon, weil der Direktor vom Budapester Zoo sie dem Direktor vom Lissabonner Zoo versprochen hat."

„Papa … Papa … wird sie denn nicht mit dem Jakob bis nach Indien fahren?" Sehr aufgeregt, die Nummer zwei.

„Aus, Schluss, entweder ihr lasst mich erzählen oder ich geh'!" FM tut, als wende er sich zum Gehen. Er ist ein mitreißender Erzähler, aber er wird nicht gerne unterbrochen.

„Nein, bitte Papa …" Ein Blick in die Runde. Jetzt hat er die Aufmerksamkeit aller.

„Also gut. – Soviel ich mich aus den Briefen vom Jakob an meinen Papa erinnern kann, sind er und die Ana eines schönen Frühlingstages in zwei großen Lastautos zum Donauufer geführt worden. – Budapest liegt nämlich an der Donau, und die Donau fließt durch ganz Europa bis ins Schwarze Meer. Im Hafen wurden sie – jeder in einem eigenen Käfig – mit einem Kran auf einen Frachtdampfer gehievt. Ein riesiger alter Dampfer war das, mit einem langen schwarzen Rauchfang, aus dem der Dampfer ganz laut pfeifen konnte. Der Dampfer, der hat ‚Küdgedüs' geheißen …"

„Den kennen wir!" Die Große, freudig erregt.

„Woher?" Der Vater, etwas verdutzt.

„Na, aus dem Gedicht, das du öfter den Erwachsenen erzählst, und das du nie fertig erzählst …" Als sie sieht, dass der Vater schmunzeln muss, rezitiert sie:

„Auf dem Dampfer Küdgedüs / Fährt ein Weib verführerisch / Erste Klasse Schlafkabin / von Madgebolowow nach Wien / hin./ Kapitän und Maschinist / schauen nicht, wo Dampfer fließt / Schauen nur nach Schlafkabin / hin.“

FM verbeißt sich ein Lachen. „Das ist ein Witzlied aus alten Zeiten ...“

„Du erzählst nie den Schluss. Weil er unanständig ist, sagst du immer. Oder hast du ihn vergessen?“

„Unanständig ... wie man’s nimmt ... jedenfalls ist er nichts für Kinder. Darum – ja, hab’ ich ihn vergessen. Soll ich weitererzählen?“ Die Frage erübrigt sich, dreifaches lautes „Ja“.

„Also – der Dampfer vom Jakob heißt übrigens rein zufällig ‚Küdgedüs‘ – dann sind sie losgefahren. Die Elefantenkäfige waren auf dem großen Deck befestigt worden, weil es dort luftig war. Die Matrosen haben aus dem Fluss mit einem langen Schlauch Wasser gepumpt, um die Elefanten abzuspritzen. Es ist ihnen recht gut gegangen, den beiden. Zu sehen gab es auch sehr viel. Wasservögel vor allem. Und in der Nacht haben sie die Sterne gesehen. Und manchmal springende Fische. Manchmal hat der Fluss gemurmelt, manchmal hat er gerauscht. Bis sie zum „Eisernen Tor“ gekommen sind. Das ist eine ganz enge Stelle, wo die Donau durch zwei steile himmelhohe Felswände durchmuss. Da ist dem Jakob mulmig geworden. ‚Ana, halt dich mit dem Rüssel fest, damit du nicht ins Wasser fällst und ertrinkst‘, hat er seiner Freundin zutrompetet. Aber die hat viel weniger Angst gehabt als der Jakob und sie hat ihn ausgelacht. ‚Du Dummerl, wir können nicht ertrinken, wir können doch schwimmen.‘“

„Ist das wahr? Die können schwimmen? Ich hab’ geglaubt, nur fliegen ...“ Das ist die Jüngste. Wird sofort von der Ältesten in die Schranken gewiesen.

„Sei still, der Jakob ist nicht der Dumbo! Bitte weiter, Papa.“

„Gut, also weiter. Nachdem sie durchs Eiserne Tor durch waren, sind sie ruhig dahingefahren. Die Donau ist immer breiter geworden, der Dampfer ist an Rumänien und Bulgarien vorbeigetuckert. Eines Tages sind sie im Donaudelta angekommen. Das hat dem Jakob besonders gefallen, weil dort viele tolle Vögel nisten, und weil es fast so wild ist wie der Dschungel in Indien. Und dort, in diesem Delta, mündet die Donau ins Schwarze Meer ...“

„Und dahinter ist Indien!“ Befriedigtes Aufseufzen der Ältesten, die jedes Wort des Vaters aufgesogen hat.

„Aber wo, das Schwarze Meer ist ein Binnenmeer, so wie das Mittelmeer. Nach Indien ist es noch weit, da müssen sie erst in den Indischen Ozean kommen, und das geht folgendermaßen …“ Just da hört FM, der drauf und dran ist, sich in geographischen Überlegungen zu verlieren, ein leises Klirren aus dem Bett seiner Jüngsten. Ihr ist fad geworden. Sie lässt ihre Murmeln vom Kopfpolster aufs Leintuch rollen und flüstert ihre eigene Geschichte vor sich hin.

FM weiß, dass er ein guter Redner ist. Ob aus dem Stegreif, als Erzähler von Witzen oder von Geschichten, die zwar nicht immer belegbar, jedoch stets amüsant sind. Er fesselt sein Publikum, er schmückt phantasievoll aus, aber sobald er merkt, dass das Interesse nachlässt, kommt er zur Pointe. Und seine Pointen sitzen. Er vergeigt sie nie.

„… und wie das geht, erzähle ich euch morgen. Nein, kein Aber, gute Nacht.

Träumt von den Englein. Und vom Elefanten Jakob … Der Jakob am Schwarzen Meer, davon kann man toll träumen!“

Wenn der Papa „morgen“ sagt, ist das so eine Sache. Er meint es immer ernst, denkt die Große, aber es kommt ihm halt oft etwas dazwischen. Dann wird aus dem Morgen ein Übermorgen, manchmal ein Über-Über …

Diesmal freilich ist der Papa am nächsten Morgen tatsächlich noch da, er frühstückt mit den Kindern und fährt auch mittags nicht weg. Lange telefoniert er in seinem Studio. Manchmal hören die Kinder ihn lachen, manchmal donnert er ins Telefon, ab und zu taucht er am Schwimmbecken auf, schwimmt ein paar Längen, schnaubt zum Vergnügen seiner Töchter wie ein Nilpferd, spielt „toter Mann" und verschwindet wieder im Studio. Gegen Abend, als die Sommerhitze nachlässt, ruft er die Kinder zu sich. Da gibt es diese überdachte Terrasse mit dem großen hölzernen Tisch. Hier sitzt man geborgen, sieht zu, wie sich das Wasser des Schwimmbeckens im Abendwind kräuselt, wie die Schatten auf der dahinter liegenden, großen Wiese länger werden, wie die Sonne hinter den hohen Föhren verschwindet. Die Kinder hocken im Türkensitz auf dem Boden, rund um den Vater, und schauen erwartungsvoll zu ihm auf. Der große Hund, der das Haus nie betritt, kommt von seinem Kontrollgang rund ums Grundstück zurück, schnauft laut und lässt sich dicht neben dem Papa nieder. Der Papa krault ihn hinter den Ohren. Das darf nur der Papa, wenn es andere versuchen, beginnt er zu knurren. Dann hebt der Papa die Arme, kreuzt beide Hände hinter seinem Kopf und lehnt sich weit zurück. Das ist für ihn typisch, weiß die Große, wenn er das macht, denkt er nach, oder vielleicht ist er einfach nur zufrieden.

„Also, wo waren wir stehen geblieben, waren wir schon am Schwarzen Meer?“

Dreifaches, lang gezogenes Ja.

„Dieses Schwarze Meer ...“

„Wieso ist es schwarz und nicht blau?“ Die schüchterne Zweite hat unterbrochen. „Schscht“, zischt die Große.

„Weil es tatsächlich schwarz aussieht. Das liegt am Sediment ... also am Gestein, das am tiefen Grund des Meeres liegt“, sagt der Vater. Wie einst *sein* Vater ist er davon durchdrungen, dass Fragen des allgemeinen Wissens beantwortet werden müssen.

„Okay?“

„Okay.“

„Also, das Schiff, auf dem die beiden Elefanten – jeder in seinem eigenen Käfig – jetzt reisen, ist ein Frachter. Ein riesiger. Langsam gondelt er dahin. Manchmal sehen sie Küstenstädte. Oder Badeorte mit bunten Schirmen, wie sie in Varna sind. Dann erreichen sie eine riesige, wunderschöne Stadt mit großartigen Türmen, Minaretten, alten Mauern ... eine uralte, berühmte Stadt ist das. Jetzt heißt sie Istanbul, früher hieß sie Konstantinopel, sie war lange Zeit das Zentrum des Osmanischen Reiches. Hier herrschten Sultane wie Suleiman, der Prächtige ...“

Die Aufmerksamkeit der Kinder lässt nach. Die Mittlere hat begonnen, die Haare ihrer Puppe zu glätten, die Kleinste baut Hindernisse für die Ameisen, die auf dem noch sonnenwarmen Steinen der Terrasse hin- und herhurteln. Ehe er sich endgültig in historische Abhandlungen verliert und das Interesse der Kinder erlischt, korrigiert der Vater flugs den Kurs.

„Allerdings ist dem Jakob das ewige Schifferlfahren auf die Nerven gegangen.

Der Frachter ist nämlich vom Schwarzen Meer ins Mittelmeer gedampft, erst Richtung Afrika bis nach Alexandrien, dann retour nach Europa, nach Athen, dann wieder Afrika, Tunis, und schließlich an Gibraltar vorbei, wo es eine ganz enge Stelle zwischen dem Mittelmeer und dem nächsten Meer, dem Atlantik gibt – und dann sind sie endlich in Lissabon angekommen."

„Und das alles hat der Jakob dem Großpapa geschrieben? Das müssen sehr lange Briefe gewesen sein." Wieder die Große. Sie nützt die winzige Pause, die der Vater einlegt, um sich auf die Fortsetzung seiner Geschichte zu besinnen. Ihrem Ton entnimmt der Vater nicht direkt Zweifel, aber denn doch einen Anflug von Ungläubigkeit.

„Aber ja." Die Antwort erfolgt prompt, mit fester Stimme, wie die Bestätigung einer unwiderlegbaren Tatsache.

„Er hat seitenlange Briefe geschrieben ... na ja, diktiert hat er sie. Seinem Freund Pandit nämlich. Der hat das Schreibmaschinschreiben erlernt und hat sie getippt. Der Pandit war ja schon immer an Jakobs Seite gewesen und ist mit den Jahren ein fabelhafter Sekretär geworden."

Das Kind runzelt die Stirn. Ein mimisches Echo der Generationen: So wie drei Jahrzehnte zuvor sein Vater hat es jetzt haufenweise Fragen. Diese seltsame Freundschaft ihres Großvaters mit einem Elefanten, diese kuriose Korrespondenz ... Wie haben die Briefe ausgesehen? In welcher Sprache hat Pandit geschrieben? Konnte er rechtschreiben? Hat der Großpapa zurückgeschrieben, hat er nicht Sehnsucht gehabt, den Jakob wiederzusehen? Aber schon hat der Vater den Faden wieder aufgenommen.

„Also, in Lissabon ist dann alles ziemlich rasch gegangen. Jakob und Ana waren vorübergehend im Zoo untergebracht. Jakob wurde von Tierärzten untersucht. Und auch geimpft, weil er ja ganz gesund sein musste, um nach Indien zu fahren. Dann kamen ein paar feine Herren in Marineuniformen, die mit dem Zoodirektor besprachen, wie der Jakob auf das portugiesische Kriegsschiff gebracht werden sollte, das ihn nach Goa in Indien bringen würde. Und schließlich war der große Tag da. ‚Nach Hause', hat der Jakob sehr aufgeregt gedacht. ‚Ich fahre nach Hause‘, trompetete er ganz fröhlich. Bis er sah, dass seine Freundin Ana weinte. Da hörte er rasch auf mit dem Trompeten. Sie reichten sich die Rüssel – weil Elefanten halt keine Hände zum Abschiednehmen haben – und schon führte Pandit den Jakob zum Ausgang vom Zoo, wo ein riesiger Laster wartete, mit dem die beiden zum Hafen fuhren. Pandit auf dem Rücken des Elefanten, das war natürlich ein toller Anblick für die Menschen in Lissabon. Den ganzen Weg bis zum Meer standen sie auf den Straßen und jubelten den beiden zu. Schließlich sah Jakob in der Ferne das Schiff. Es war ganz anders als die früheren, mit denen Jakob bisher gereist war. Es hatte Kanonen. Ein Kriegsschiff war es. Sehr aufregend, fand der Jakob. Und sobald man ihn an Bord gehievt hatte und er in seinem überdachten Käfig am Heck stand, wurden die Motoren angeworfen und das Schiff fuhr aus dem Hafen. Da trompetete der Jakob, so laut er konnte: ‚Ich fahre nach Hause.‘“

Längst hat die Mittlere aufgehört, ihre Puppe zu frisieren. Gebannt hat sie zugehört. Als von der traurigen Ana die Rede war, sanken ihre Mundwinkel. Das sah nach Tränen aus. Jetzt erst recht.

„Und die arme Ana, hätte der Jakob sie nicht mitnehmen können?“, kommt es gepresst.

„Ja, wie denn, er als Elefant konnte der portugiesischen Marine doch keine Vorschriften machen ...

bitte sehr, Herr Kapitän, ich hätte da noch einen zweiten Elefanten, der auch nach Indien möchte ..."

„Er hätte sie doch heiraten können. Wenn man verheiratet ist, muss man zusammenbleiben."

Der Vater hört den Worten nach. Die Mutter der Kinder und er sind nicht zusammengeblieben. Im Leben seiner Töchter gibt es nun einen anderen Mann an der Seite dieser Mutter. Hört er einen Vorwurf? Schuldzuweisungen? Eine Verletzung?

„Hochzeit", sagt die Jüngste zufrieden, „ein schönes Märchen, das vom Jakob", und zerstört dabei ihre Ameisenstraße.

„Es ist kein Märchen", korrigiert die Große. „Es ist etwas Wirkliches. Es steht doch alles in den Briefen an den Großpapa." Sie sieht den Papa an, sie wartet auf eine Bestätigung, aber die kommt nicht.

„Stimmt doch, Papa?"

„Weißt du ...", beginnt der etwas zögerlich, „Märchen ist es keines, es ist schon wirklich. In Wahrheit ist es ..."

Plötzlich sieht er den Otto vor sich, der Bruder ist Gymnasiast, er sitzt an seinem Schreibtisch im Bubenzimmer in der Kopfsteinpflastergasse und büffelt Latein, er sagt etwas, das Feppchens Kinderwelt wanken lässt, „Das ist nicht wahr!", schreit er den Bruder an, und der sagt gelassen: „Frag ihn doch, den Papa."

FM zögert, in seiner Kehle wird es eng, dann räuspert er sich und sagt mit sicherer Stimme: „In Wahrheit ist es einfach ein Stück Familiengeschichte.“

Wien, es ist Herbst, man dürfte die frühen Sechzigerjahre schreiben

Hop heisa, bei Regen und Wind – ich lebe also noch! Lange habe ich vor mich hin gedöst. Ich tat es nach Elefantenart: die meiste Zeit im Stehen. Wir Elefanten legen uns nämlich nur alle vier bis fünf Tage hin. Wir brauchen nicht viel Schlaf, zwei Stunden am Stück genügen uns, wir sind Rekordkurzschläfer.
Mit meinem Fortbestand konnte ich eigentlich nicht rechnen. Zwischen dem Feppchen von einst und dem heutigen FM liegt nämlich der Zweite Weltkrieg. In diesem Krieg hat sich der junge Mensch tollkühn gegen den größten Kriegsverbrecher aller Zeiten und dessen massenmordendes System geschlagen. Ein wilder Kerl, dieser FM. Wie konnte ich annehmen, dass er sich nun, nachdem er, zeitgeschichtlich gesehen, einen Sieg errungen hat und sein Leben sich nach Art einer Stufenrakete aufwärts entwickelt, an die Verzauberung seiner Kindheit erinnert?
Und doch hat er es getan. Wenn man Psychologen und Neurowissenschaftlern Glauben schenkt, kann man sich in diesem Zusammenhang auf die im Zentralnervensystem eines Menschen gebunkerten Spuren verlassen. Gedächtnisspuren oder Engramme. Milliarden davon ergeben das menschliche Gedächtnis.
Via facti bin ich also ein Engramm im Hirn des FM. Und dank des seinen auch in dem seiner Töchter. Sie

haben mich am Ende der Ferien aus dem Haus ihres Vaters mitgenommen in das neue Land ihrer Mutter. Allerdings ohne mein Geheimnis zu kennen.
FM hat es nicht preisgegeben. Was mich erstaunt. Zum Geheimnisträger ist er nämlich nicht geboren. Er liebt Neuigkeiten, und als Journalist mit Leib und Seele ist es ihm quasi ex offo ein zwanghaftes Bedürfnis, sie und das Ergebnis von Recherchen kundzutun. Gewohnheit? Naturell? Jedenfalls erstreckt sich diese seine Eigenschaft auch auf den Freundeskreis und die Familie. Dinge, die für ihm Nahestehende relevant sein könnten, kann er einfach nicht für sich behalten. „Willst du wissen, was du zu Weihnachten kriegst? Ich sag's dir …" Meine Herkunft hat er verschwiegen. Erhebt sich die Frage, ob ich am Ende ins Nirwana eingehen werde, oder ob mir als Elefant der Familie M. eine Zukunft beschieden ist. Könnte durchaus sein. Schließlich bin ich mit den M.s inzwischen so verwoben, dass ich ihnen selbst in Zeiten, in denen ich nicht gebraucht werde, nahe bin. Selbst also in den Stunden des Dösens – die Augen halb geschlossen, sachte auf meinen Beinen schwankend, der Rüssel im sanften Schaukelmodus – nehme ich wahr, was sie so treiben.
Übrigens durchaus erwähnenswert: FM hat jüngst einen Sohn bekommen.

In Wien behauptet man gerne, alles über jeden, der zur Prominenz gezählt wird, zu wissen. Als einer, der seit zwei Jahrzehnten die Printmedien im Lande dominiert, gehört FM zu den Promis. Ergo ist auch sein Privatleben ein beliebtes Thema. Und er liefert immer wieder Stoff für Getuschel.

Seit Kurzem hat er eine neue Frau. „Mein Gott, drei Ehen hat er schon hinter sich, wie lange wird die vierte halten?“ Ehefrau Nummer drei war ein kurzes Zwischenspiel, eine turbulente Episode in seinem an Episoden reichen Leben gewesen. Mit der Neuen, der Vierten, hat er, nach den drei Töchtern aus seiner zweiten Ehe, einen Sohn. „Na endlich ein Erbe. Ein Namensträger. Platzen wird er vor Stolz ...“

Hier freilich irren die Tuschler. Dynastisches Denken ist FM nämlich fremd. Stolz ist er schon auf diese Familie, aus der er stammt. Auf dieses Elternhaus, das kraft seiner Begabungen und seiner inneren Werte hohe Maßstäbe setzte. Aber von wegen Fortbestand dieses Namens – der ist eh gesichert, denn Otto hat schon einen Sohn. Und für FM wiegen seine Kinder, egal ob Mädel oder Bub, gleich.

Im Übrigen ist er nicht, was man einen idealen Vater nennen würde. Er liebt seine Nachkommenschaft eher theoretisch. Praktisch gibt es in seinem Leben wenig Zeit und Raum für sie. Denn rastlos fügt er diesem Leben Neues zu. Eben hat er seine „Zeitungszeit“ beendet und mit der ihm eigenen

Bravour mitten in den Sechzigerjahren seinen ersten eigenen Buchverlag gegründet.

Das von ihm erbaute Hochhaus am Wiener Donaukanal, in dem haufenweise Zeitungsredaktionen siedeln und die dazugehörige Druckerei hat er verkauft. Ohne Wehmut hat er das von ihm Geschaffene hinter sich gelassen. Als er und seine Mannschaft die Büros mit dem unvergleichlichen Rundblick über die Stadt für immer verließen, hatten selbst alte Zeitungshaudegen feuchte Augen. Die treue Frau Uhland schnüffelte vor sich hin. Nur FM war heiter und voll Vorfreude auf das Neue.

„Jede Veränderung ist ein Fest", wird der eben geborene Sohn des FM sagen, als Jahre später die Existenz der Familie krachen geht. Eine Einstellung, die das Leben seines Vaters von jeher bestimmte. Unbekümmert geht er Änderungen an. Diese Verlagsgründung etwa, die gibt heimischen und ausländischen Branchen-Tuschlern reichlich Stoff. „*Was wollen die? Verlag machen? Keine Ahnung haben die davon, auf die Schnauze werden sie fallen.*" Das wird nicht nur geraunt, sondern offen besprochen, als FM mit seinem engsten Mitarbeiter und Freund aus Pressezeiten auf der größten deutschen Buchmesse auftaucht, um sich umzusehen und sich anzuschauen, „wie Buchverlag eigentlich geht".

Beläche lt, bestaunt, beneidet – die Entwicklung geht ziemlich rasch vonstatten.

Wenige Jahre später ist FM im Verlagsgeschäft dies- und jenseits des Atlantiks bekannt wie der sprichwörtliche ‚bunte Hund'. Er kauft auf ausländischen Buchmärkten, was das Zeug hält, Verkaufsstrategien scheint er im kleinen Finger zu haben, er entwickelt Buchideen und setzt sie im Eiltempo um, die Titel seines Verlages sind bald auf den wichtigen Bestsellerlisten zu finden. FM liebt das Metier des Buchverlegers, er gibt sich ihm vorbehaltlos hin. Für den kleinen Sohn, dessen Wiege in dem Haus auf dem kleinen Heiligenstädter Pfarrplatz steht, das FM vor wenigen Jahren erworben hat, bleibt da kaum Zeit.

Dieses Haus, in dessen Fundamenten römische Ziegel gefunden wurden. Das auf einem der reizvollsten kleinen Vorstadtplätze steht. Das schon da stand, als die Türken über Wien kamen. Aus dessen Fenstern man Beethoven zusehen konnte, wie er in dem nur durch eine schmale Gasse getrennten Haus gegenüber seine 3. Symphonie, die Heroische, schrieb. Dieses gelbe Haus mit den grünen Fensterläden, in dessen Garten es ein Salettl gibt und ein wunderbarer Nussbaum steht. Das luftlinienmäßig nur einen Tigersprung von der Kopfsteinpflastergasse entfernt liegt. Dieses Haus ist der Lebensmittelpunkt von FM's junger Familie.

Und es ist Zentrum seines gesellschaftlichen Lebens, das zu seinem beruflichen gehört wie ein siamesischer Zwilling zum anderen. Autoren und Freunde des Hauses, Politiker, Intellektuelle, Künstler treten nahezu täglich durch das dunkelgrün gestrichene hölzerne Gartentor. Versammeln sich in dem weiten Salon im ersten Stock und bleiben lange, oft bis tief in die Nacht. Denn die Gespräche, die FM anreißt, werden gern hitzig. Sie polarisieren, sie passionieren, sie faszinieren. Nein, langweilig wird es in der Gegenwart dieses Hausherrn nie.

Die Welt des kleinen Sohnes ist von der des Vaters durch ein Stockwerk getrennt.

Das Kinderzimmer liegt zu ebener Erde. Dort, wo sich auch das Arbeitszimmer der Mutter befindet und die Großmutter schläft, wenn sie zu Besuch kommt. Wo die Zimmer für Kindermädel und Haushälterin liegen. Wo man von einer großen lichten Veranda aus den Garten überblickt und genau sehen kann, wer das Haus betritt. Der kleine Sohn etwa sieht, seit seine Gehschule in der Veranda aufgebaut wurde, den Papa gegen Abend nach Hause kommen. Der Papa könnte zu ihm hereinkommen, ihn hochheben, ihm etwas zuraunen, ein wenig Zeit für Schnucken und Schnarren erübrigen, wie es andere Väter tun. Aber er tut es so gut wie nie.

Die Nähe zu seinem kleinen Sohn beschränkt sich für FM im Wesentlichen auf ein Abendritual. Das wird zelebriert, sobald er frisch gemacht und umgezogen für den Abend und die Gäste, die man erwartet, an das Gitterbett des Kindes tritt. Da steht er vor ihm, der kleine Bub, in einem Nachthemd, wie einst das Feppchen eines trug. Fest umklammern die runden Kleinkinderhände die oberste Sprosse des Bettchens. Man muss ja gewappnet sein für den wilden Hopser des Papa, der unweigerlich kommt, wenn er das Hasimandili-Gedicht aufsagt. Denn aufs Hasimandili vergisst der Papa nie. Und wenn er hopst, der Papa, und seine Augen dabei genau so weit aufreißt, wie sein Kind es tut, und wenn beide nach dem Hopser glücklich lachen, dann sind sie eins. So wie es sein soll. Wie es schon in der Kopfsteinpflastergasse gewesen ist.

Indes, das Einssein ist von kurzer Dauer. Denn nach einem „Gute Nacht, mein Sohn“ dreht der Papa das Licht aus. Und das Alleinsein in der Dunkelheit macht dem kleinen Buben Angst.

„Bitte, Papali, nur ein Palterl“, versucht er sein Glück in der Hoffnung, der Papa würde die in den beleuchteten Gang führende Tür einen kleinen Spalt offen stehen lassen. Keine Chance, der Vater geht ab. Freilich, sobald er nicht mehr zu hören ist, nähern sich die Hilfreichen, um die Tür zum Kinderzimmer denn doch ein wenig zu öffnen. Die Mutter, wenn sie es schafft, vom Vater dabei nicht ertappt zu werden. Oder das von der Mutter dazu ermächtigte Kindermädel. Oder die heiß geliebte Großmutter, die, wenn sie im Haus ist, sich auch nicht scheut, mit ihrem Schwiegersohn zum Thema „Palterl“ in den Clinch zu gehen.

„Fast alle Kinder haben Angst vor der Dunkelheit. Der Bub wird vor Angst nicht einschlafen können“, sagt sie und öffnet die Tür zum Kinderzimmer einen Spalt.

„Er wird sich daran gewöhnen“, dröhnt der Vater und schließt die Tür von Neuem.

„Nicht, solange ich im Haus bin!“, gibt die Großmutter dem Herrscher des Haues ungerührt retour. Der Bub hört es und fühlt sich beschützt.

„So macht doch, was ihr wollt“, bellt der Vater und geht ab. Die Großmutter öffnet das „Palterl“, der Bub sieht Licht und macht die Augen zu.

„Omamali“, flüstert er zärtlich unterm Deckenzipfel. Diese Zärtlichkeit wird ihn nie mehr verlassen.

Das Gefühl der Zärtlichkeit ist auch FM nicht fremd. Er empfindet es für seine Frau. Oder etwa für die Mia, wenn er sieht, wie diese alt gewordene Hüterin seiner Kindheit *Ich seh', ich seh', was du nicht siehst …* mit seinem Sohn spielt und die Zeit zwischen einst und jetzt aufgehoben scheint. Ausnahmslos stellt es sich ein, wenn er an seine Eltern denkt.

Papa und Mama. Das Koordinatensystem in seinem Inneren. Wenn es nach FM geht, soll das Leben mit der neuen Frau und dem kleinen

Sohn dem einstigen in der Kopfsteinpflastergasse gleichen. Freilich, die gewisse Distanz zwischen Eltern und Kind, die seinerzeit herrschte, ist mit der neuen jungen Frau nicht aufrechtzuerhalten. Dem ‚Papa' und der ‚Mama' hat sie ein ‚li' angehängt. Papali und Mamali heißt das jetzt. Klingt in seinen Ohren zu niedlich, andererseits schafft es eine Intimität, die es so in seinem Elternhaus nicht gegeben hat, die ihm aber nicht missfällt. Auch das Kuscheln mit dem Kind, das die junge Hausfrau und deren Mutter im gelben Haus in der ‚heroischen' Gasse eingeführt haben, war im Haus seiner Kindheit nicht üblich. So war man damals nicht. Weshalb FM sich mit physischem Kontakt etwas schwer tut. Nähe stellt er geistig her.

So etwa scherzt er mit seinem kleinen Sohn, sobald dieser der Sprache halbwegs mächtig ist, rhetorisch. Etwa, indem er ihm beibringt, zusammengesetzte Wörter auf ihre ‚Schüttelreim-Ability' zu prüfen. Ergibt es Sinnvolles, wenn man die Anfangsbuchstaben vertauscht?

„Probieren wir's einmal mit Liegestuhl: Wird zu Stiegeluhl. Nicht gut, ein Rohrkrepierer. Kinderbild – Bilderkind? Wäre ein Kandidat. Aber Gossensass, dieses Dorf in Südtirol, aus dem wird beim Schütteln Sossengass. Und das lässt sich wiederum schütteln. Sossengass – Gassensoss – Sassengoss ... Könnte sogar ein vierfacher Schüttler werden, wenn vor den ‚Sassen' ein ‚in' stünde ... über die Insassen goss ... na ja, mit Nachsicht aller Taxen ...", gibt FM zu. „Und nicht zu vergleichen mit dem kürzesten und berühmtesten Schüttelreim aller Zeiten: Du bist Buddhist." Auch der kleine Bub wird fortan begeistert schütteln. „Wanderzirkus, Zanderwirkus. Muttertag, Tuttermag ..." Aus Letzterem wird FM umgehend einen Vers schmieden, der in den Sprachschatz der Familie M. Eingang findet. „Weil sie diesen Tutter mag, feiert sie jetzt Muttertag."

So also geht FM mit der Phantasie seines Buben um. Mit Wörterschütteln und mit dem Hasimandili. Manchmal auch mit einem neuen Stern im Vater-Kind-Kosmos, dem Tatzelwurm, einem liebenswerten Wesen mit tausend Füßen und ebenso vielen Paar Schuhen, das seine Abenteuer gleich hinterm FMschen Landhaus an der Hohen Wand zu erleben pflegt. Aber wo bleibt der Jakob? Seine Stunde müsste irgendwann kommen.

Und sie kommt, nachdem FM durch Zufall Zeuge eines Gesprächs zwischen dem kleinen Sohn und dessen Großmutter wurde.

Was denn eigentlich der Mann der Großmutter getan habe, ehe er im zweiten großen Krieg gestorben ist. Maler sei er gewesen, sagt die Großmutter. Der kleine Sohn, der demnächst in sein sechstes Lebensjahr startet, also nicht mehr wirklich klein zu nennen ist, will's genau wissen.

„Hat er ausgemalt oder angemalt?"

„Was meinst du mit ausgemalt?", fragt die Großmutter.

„Na auf einer langen Leiter stehen und Zimmer ausmalen", erklärt der Enkel.

„Also nein, so ein Maler war er nicht. Er hat weder ausgemalt noch angemalt, er hat gemalt. Porträts, Landschaften – und Plakate hat er entworfen. Viele tolle Plakate ..."

FM hört eine Weile zu. Die Großmutter entrollt ihre Familiengeschichte, der Enkel stellt Fragen, das Thema scheint ihn zu interessieren.

Und was weiß mein Sohn von seinen Großeltern aus der Kopfsteinpflastergasse? Im Vergleich zur mütterlichen Verwandtschaft zu wenig, stellt FM für sich fest. Ich muss den Buben mit den Menschen vertraut machen, deren Namen er trägt.

Am selben Abend wird der Elefant Jakob seinen Dienst in der Familie M. wieder antreten.

„Weißt du eigentlich, wer das Hasimandili erfunden hat?", fragt der Vater den Buben nach dem Ritual. Letzteres ist im Lauf der Zeit auf eine einfachere Variante geschrumpft. Der Hopser wird seit jenem Abend weggelassen, an dem FM, als er seinen Luftsprung hinter sich gebracht hatte, ein nachsichtiges Lächeln im Kindergesicht wahrzunehmen glaubte.

„Ja, weiß ich, das war deine Mama."

„Ja. Meine Mama. Sie war eine Dichterin." Einen Augenblick lang denkt FM weg. Sucht das Gesicht der Mama, das sich über sein Kinderbett beugt, aber es bleibt seltsam vage. Und taucht unvermittelt auf, wie es war, als die todkranke Frau im Spital lag. So schmal, so fahl. So gefasst war dieses Gesicht. „Ja, sie war eine Dichterin", wiederholt er. „Sie hat Romane und viele tolle Gedichte geschrieben ..."

„Und eine Hymne. Das ist ein Lied für unser Land", fährt das Kind dazwischen.

„Richtig. Wenn du in die Schule gehst, wirst du sie auswendig lernen, diese Hymne. Aber nicht nur deine Großmama, auch dein Großvater hat geschrieben."

„Ja, weiß ich, für eine Zeitung. Von der war er auch der Chef, bis er gestorben ist."

Irgendjemand hat also schon mit dem Unterricht in Familiengeschichte begonnen.

„Woher weißt du das?", will er vom Buben wissen.

„Von der Mia. Die erzählt mir immer von deiner Mama und von deinem Papa und vom Onkel Otto, als der noch klein war."

Die Mia, ja. Nicht wegzudenken aus dem Hause M. Alt ist sie geworden und gebeugter und ein wenig langsamer, seit ihr Mann tot ist. Gestorben sei er wie ein alter Indianer, hat sie FM erzählt. Seinen Hund, mit dem er täglich an der Donau gewandert ist, habe er nicht mehr im Zaum halten können. Zu alt sei er geworden für den wilden, jungen Rüden. Das habe ihn traurig gemacht, den Mia-Mann. Eines Tages habe er sich nach dem Frühstückskaffee aufs Sofa gelegt, habe die Mia gebeten, sich neben ihn zu setzen und mit ihm zu warten, bis er tot sein würde. Langsam sei ihm kalt geworden, von den Füßen herauf bis schließlich zum Brustkorb. ‚Jetzt is' gleich so weit, Mizzi', habe er gegen Abend gesagt und einen letzten leisen Schnaufer getan. – Da erst ist die Mia aufgestanden und hat ihn angerufen, wen sonst als ihn, FM, den sie schon als Kind behütet hat und dessen Familie schon immer mehr die ihre gewesen war als die eigene. Viel ist sie jetzt in seinem Haus mit der neuen jungen Frau und dem Kind, dem sie alte Geschichten aus der Kopfsteinpflastergasse erzählt …

„Und auch das Mamali", kräht der Sohn in die Reminiszenzen des Vaters. „Die weiß auch viel, die kann ich auch immer fragen."

„Na gut. In Zukunft kannst du mich fragen. Ich weiß nämlich noch mehr über deine Großeltern als die Mia und die Mama", sagt FM barsch. Hat es etwa beleidigt geklungen, fragt er sich flüchtig. Aber der Sohn bleibt unbefangen.

„Fein", kräht er, „kannst du mir gleich jetzt was erzählen, das die anderen nicht wissen?"

Es dauert nur ein paar tiefere Atemzüge, bis der Elefant seiner Kindertage vor FM's innerem Auge steht.

„Die anderen wissen nicht, dass dein Großpapa einen Freund hatte, wie ihn sonst kein mir bekannter Mensch auf der ganzen Welt hat.“ FM räuspert sich, ein Impuls, der nicht zu unterdrücken ist, wenn ihn etwas berührt. „Dieser Freund war nämlich ein Elefant. Der ist sein Freund geblieben, bis dein Großpapa gestorben ist.“

„Ist das wahr?“

„Aber ja. So wahr, wie ich da neben deinem Bett sitze. Er heißt Jakob, dieser Elefant.“

„Und der lebt noch?“

„Und wie! Lange Jahre hat er in unserem Nachbarland Ungarn gelebt. Dort hat ihn dein Großpapa auch kennengelernt. Später ist er dann nach Indien zurückgebracht worden, in seine wahre Heimat, wo er geboren ist … Es ist eine lange Geschichte, mein Sohn, zu lange für heute Abend. Ich erzähle dir morgen, wie alles angefangen hat …“

Jakobs Auferstehung verschafft FM ein nahezu kindliches Vergnügen. Das Gute-Nacht-Sagen am Kinderbett, fast schon zur Routine geworden, hat plötzlich einen neuen Sinn. Es ist mehr als das Abhaken eines Punktes auf der täglichen Agenda.

Es ist etwas, dem man vergnügt entgegensieht. FM bleibt nicht mehr am Kinderbett stehen, um seinen Segen „hudriwudri“ loszuwerden, weil man längst zu einem Abendessen unterwegs sein sollte oder weil die ersten Gäste vor dem Haustor stehen. Gegen seine Gewohnheit nimmt er sich Zeit. Holt einen Stuhl heran, setzt sich dicht neben der Bettkante in Positur und schaut in das erwartungsvolle Kindergesicht.

Zwei Abende hat er gebraucht, um dem Sohn die Geschichte der seltsamen Freundschaft zwischen dem Großvater und dem Elefanten zu schildern. Von der Herkunft Jakobs bis zu dessen letzten Brief, der in den frühen Märztagen des Jahres 1938 in der Kopfsteinpflastergasse angekommen ist. Der Bub weiß, was es mit dem „Elefantischen" auf sich hat. Und wie der kleine indische Elefant nach Europa kam. Und dass es ohne den Mahout Pandit sehr schwer – um nicht zu sagen, überhaupt nicht – möglich gewesen wäre, diese Freundschaft so innig werden zu lassen. Er weiß so ziemlich alles über Jakob. Bis auf die wenigen Sätze seines Onkels Otto, welche die Kinderwelt seines Vaters einstmals wanken ließen.

„Und dann, Papali?", pflegt das Kind zu fragen, wenn FM – was selten vorkommt – der Faden der Erzählung einmal reißt. Mit ‚*und dann*' weiß der Vater umzugehen. Kurze Nachdenkpause, vielsagendes Schmunzeln, und schon schwadroniert er weiter.

Bis ins Detail schildert er Jakobs Ankunft in Goa, der kleinen, einst portugiesischen Stadt mit den vielen Kirchen und den alten indischen

Heiligtümern; und Pandits Kampf um seine und Jakobs Einreisepapiere. Schildert sie, als wäre er dabei gewesen.

„Ohne ordentliche Papiere geht einfach nichts auf der Welt, das weiß ja jeder, der Reisen macht. Gottlob hatte Pandit die Schenkungsurkunde des Maharadscha von Cochin zugunsten des österreichischen Erzherzogs noch immer bei sich. Das machte auf die Beamten in Goa mächtigen Eindruck. Aber wie der Elefant und Pandit nach Cochin kommen sollten, das war denen völlig wurscht. Also machten sich unsere Helden zu zweit auf den Weg. 800 km Fußmarsch nach Süden! Von der Küste des Arabischen Meers hinauf in bewaldete Hügel, wo es noch Leoparden und Panther und sogar Bären gibt! Und Affen, Heerscharen von Affen. Dann wieder hinunter in Ebenen, auf denen Baumwolle und Mais und Zucker angebaut wird. Sie sind durch Dörfer gekommen, wo die Menschen sich versammelt haben, um den mächtigen Elefanten mit seinem Mahout zu bestaunen. Und atemlos haben sie zugehört, wenn Pandit von Europa und Budapest und … und seinem Freund Ernst in Wien erzählte."

„Woher weißt du das alles, Papa?"

Auf dieses Eingreifen des Buben in den Strang seiner Erzählung ist FM nun nicht gefasst gewesen. Es wird der Elefantensaga eine neue Wendung geben.

„Weil ... nun, weil es mir Pandit selbst erzählt hat.“

„Du kennst den Pandit???“

„Aber ja.“ Das klingt schon wieder forsch.

„Und den Jakob? Den kennst du auch???“

„Na klar, die beiden sind ja nicht voneinander zu trennen.“

„Aber ... aber wo hast du sie getroffen?“

Eine naheliegende Frage. FM’s graue Zellen arbeiten pfeilschnell, viel Zeit kann er sich mit der Antwort nicht lassen.

„Hast du?“, wiederholt das Kind.

„Ja, das habe ich“, antwortet der Vater entschlossen.

„Wo?“

„In Indien.“

„Du warst in Indien?“

„Aber ja, schon öfters.“

„Weil du den Jakob treffen wolltest?“

„Nein, eigentlich war ich dort, um den indischen Premierminister zu interviewen.

Das war, als ich noch für die Zeitung geschrieben habe.“

„Und wie hast du den Jakob gefunden?“

„Na ja, ich habe mir gedacht, wenn ich schon einmal hier bin, in Indien, dann kann ich eigentlich auch in den Süden nach Cochin fahren und schauen, ob ich den Jakob ausfindig mache. Vielleicht lebt er noch, habe ich mir gedacht, Elefanten werden ja sehr alt …"

„Und was war dann?"

Die Selbstverständlichkeit, mit der FM zur handelnden Person in der Elefantenstory wird, findet seine junge Frau, die aus dem Nebenzimmer zuhört, verblüffend. Wie er das macht, denkt sie vor sich hin. Wie er ein Szenario mit Dschungelatmosphäre in einem südindischen Elefantencamp aus dem Boden stampft. Wie er einen riesigen Elefanten vor Freude trompeten lässt, als er FM an seinem Geruch erkennt, weil der halt riecht, wie sein Vater Ernst gerochen hat. Und wie der leicht ergraute Pandit die Unterhaltung zwischen Jakob und FM mühelos dolmetscht.

„Der Jakob hat trompetet, ich konnte reden, wie mir der Schnabel gewachsen ist, und der Pandit hat die Übersetzung geraunt. Wir haben uns bestens verstanden."

„Ah, so war das", sagt der Bub nachdenklich, und die junge Frau im Nebenzimmer lächelt ziemlich zärtlich.

Ich, Jakob, merke an:

Wien, in einem außergewöhnlich warmen Frühling,
wir sind mitten in den Siebzigerjahren

Zu der eben geschilderten Idylle sei mir nun, da ich in der Familie M. wieder Fuß gefasst habe, eine Zwischenbemerkung erlaubt: Es wäre ein Irrtum, anzunehmen, dass mein Protagonist dabei ist, zum „Vater des Jahres" zu mutieren. Kleine Steinchen in seinem Lebensmosaik, mehr sind die mit seinem Buben zugebrachten Stunden nicht.
Vorrangig ist für ihn das Verlegen von Büchern geworden. Das Erfinden von Themen und Buchtiteln, das Entdecken von Autoren. Der Einkauf von fremdsprachigen Titeln auf internationalen Märkten. Das Entwickeln von Verkaufsstrategien und die Erstürmung von Bestsellerlisten. Das Hochhaus mit dem Eisenbahnblick hat er ja längst verkauft. Für seinen Verlag ließ er ein elegantes Gebäude nicht weit von seinem Wohnhaus errichten.
Er unterhält Büros in München, Zürich und New York, er nimmt an Versteigerungen von Buchrechten teil und geht dabei nicht selten an sein finanzielles Limit. Er mietet Jachten und lädt Autoren und Pressevertreter auf Kreuzfahrten ein, auf Buchmessen sind seine Einladungen die begehrtesten in der Branche, PR hat er im kleinen Finger. Seine Mannschaft – all die Lektoren

und Hersteller und Presseleute, bis hin zu den Scouts in Paris, London und New York – sie alle hat er fest im Griff. Sie schwören auf ihn und folgen ihm bedenkenlos. Auf die wenigen, die ihren kühnen Kapitän vor den Gefahren allzu wilder See zu warnen wagen, hört er nicht. Sind brenzlige Situationen nicht stets zu seinen Gunsten ausgegangen?
Zu seinem fünfzigsten Geburtstag „und aus anderem gegebenen Anlass" lädt FM zu einem Fest, an das sich so mancher Zeitgenosse noch lange erinnern wird. Es kommt – um bei FM's Diktion zu bleiben – „alles, was Rang und keinen Namen hat". Es kommen die Meinungsmacher und die Prominenz und die erste politische Garnitur, es kommen die Adabeis und es kommen die Freunde. Berühmte Literaten halten Reden, im altmodischen Garten des altmodischen Vorstadtgasthauses am Heiligenstädter Pfarrplatz, in dem FM seine Gäste begrüßt, spielt eine Deutschmeisterkapelle den Radetzkymarsch. Es ist Frühling und erstaunlich lau für die Jahreszeit, die Magnolien blühen schon. Die Atmosphäre hat etwas von der Bedenkenlosigkeit, die in Wien zuweilen als Seligkeit verstanden wird. Im Großen und Ganzen ist man sich einig: Dieses Fest ist FM's Gipfelsieg.
Als selbst ernannter Chronist des Hauses M. muss ich freilich darauf hinweisen, dass der eigentliche Sieg dieses ruhelosen Erfolgsmenschen nur eine Gasse vom Festgeschehen entfernt in einem rüschengeschmückten Körbchen liegt und schläft. Es ist der „andere gegebene

Anlass", zu dem FM gebeten hat. Es ist der Sohn, der ihm vor Kurzem eher spät im Leben geboren wurde. Ihn hat man heute, ehe das Fest begann, in der kleinen Kapelle auf dem geschichtsträchtigen Vorstadtplatz gleich neben dem gelben Haus der M.'s getauft. Er trägt den Namen von FM's Großvater. Der Vatername wurde – versteht sich – an den Erstgeborenen vergeben. Alle Versuche von FM's Frau, mit der Familientradition zu brechen und dem zweiten Buben seine ureigene Namensidentität zu verpassen, sind gescheitert. Nur einen vierten Vornamen hat sie durchgesetzt. Ganz zum Schluss heißt der jüngste M. Zacharias.
Ich wünschte, ich könnte meine Beobachtungen damit fortsetzen, dass mit der Geburt dieses Sohnes FM's Lebensrhythmus von Crescendo in Moderato cantabile gleitet. Indes ...

Eine der Anekdoten, die sich um FM ranken, wird dem österreichischen Bundeskanzler K. zugeschrieben. Angeblich sei der Kanzler, dessen Haus ganz nah an dem der M.'s liegt, mit einem ausländischen Besucher durch das geschichtsträchtige Vorstadtgrätzel gewandert. Wer hier wohne, hat der Fremde gefragt und auf das gelbe Haus gedeutet. „Der Verschwender", habe der Kanzler in der für ihn typischen Tonlage gebrummt und auf die Analogien zwischen FM und der Raimundschen Bühnenfigur verwiesen.

Ein zulässiger Vergleich, obgleich hinzuzufügen wäre, dass FM verschwendet, weil ihm Geld und Gut nichts bedeuten. So etwa hat er ohne Sentimentalität das Haus an der Hohen Wand mitsamt dem umgebenden Land jüngst verkauft, weil sich die aufwendige Verwaltung des Besitzes als mühsam erwiesen hat. Materieller Besitz hat für ihn keinen Stellenwert. Was würdest du kaufen, wenn du unendlich reich wärest, wurde er einmal gefragt. Seine Antwort: „Nichts. Mit unendlich viel Geld könnte ich alles, was ich grade begehre, mieten. Besitz macht unfrei."

Hingegen wird er seine Werte kompromisslos verteidigen, Werte, die mit dem Begriff Freiheit einhergehen. Persönliche Freiheit, die Freiheit jedes einzelnen, die Freiheit seines Landes. Denn ja, FM liebt sein Land mit Leidenschaft. Irgendwann hat irgendwer FM's Frau gefragt, was ihrem Mann wohl das Wichtigste im Leben sei. „Erst kommt für ihn Österreich, dann erst seine Familie", hat sie ohne Zögern geantwortet.

Freilich, mit dem zweiten Sohn gewinnt die Familie einen neuen Stellenwert in seinem Leben. Ist es jetzt nicht fast so wie seinerzeit in der Kopfsteinpflastergasse?

Seine beiden Buben sind altersmäßig genau so weit auseinander wie sein Bruder Otto und er. Sein Erstgeborener geht mit dem Neuankömmling, dem er an sich innig verbunden ist, genau so ruppig um wie Otto einst mit ihm, dem Feppchen, umgegangen ist. Im Zusammenhang mit seinem Familienleben kommt es FM zuweilen vor, er lebe jetzt die Rolle seines Vaters. Hat die alte Mia nicht erst unlängst angemerkt, dass der jüngere Sohn in seiner Furchtlosigkeit an den ebenso furchtlosen kleinen Kerl erinnert, der er selbst einst gewesen sei. Mit Donnerstimme habe FM nach seinem Jüngsten gerufen, erzählte die Mia. „Warum schreist du so, Papa?", habe der Dreijährige vergnügt zurückgerufen.

Ein Vorfall, den FM nicht nur nicht ahndet, sondern der ihn erheitert und den er gerne zum Besten gibt.

Dass der jüngste M. früher oder später mit dem Familienelefanten bekannt wird, versteht sich von selbst. Den Anstoß dazu liefert der große Bruder.

„Brmmbrmm ...", macht der Kleine und fährt seinen Stoffelefanten wie ein Auto auf dem Fensterbrett der Kinderveranda auf und nieder.

„Was machst du mit dem Elefanten, der ist doch kein Auto", merkt der Große an.

„Is' aber ein Auto. Wie das vom Papa", beharrt der Kleine.

„Blödmann, das ist ein Elefant, mit Elefanten kenn' ich mich aus." Der Große legt eine kurze Pause ein, ehe er listig lächelnd fortfährt: „Wir haben einen in der Familie.“

Der Kleine stutzt. Den Stoffelefanten fest in der runden Hand, wendet er sich dem Bruder zu.

„Du lügst.“

„Nein. Ich schwör’s.“

„Wo ist er denn, der Elefant?“

„In Indien. Das ist ein Land, das sehr weit weg ist. Aber der Papa war schon dort und hat den Elefanten besucht. Er heißt Jakob.“

Der Große beobachtet die Regungen im Gesicht des Kleinen, dem man ansieht, dass er mit der Verarbeitung der Elefantenneuigkeit beschäftigt ist. Was dem Älteren das satte Gefühl der Überlegenheit über den Jüngeren verschafft.

„Jakob heißt er? Nicht geschwindelt?“

„So frag halt den Papa, wenn du mir nicht glaubst“, sagt der Große lässig und geht ab.

Ungeduldig wartet der Kleine auf den Abend. Zum Glück ist der Papa grade nicht verreist, man kann ihn also gleich heute Abend befragen, denn wenn der Papa in Wien ist, versäumt er es nie, seinem Jüngsten Schnacken und Schnurren vom Tage zu erzählen. Das Hasimandili ist nicht mehr de rigeur, seit die Mama ihre eigene Litanei für ihre Buben erfunden hat. *„Lieber Gott, ich danke dir für diesen schönen Tag und bitte beschütze …“* – dann folgt eine ziemlich lange Litanei der zu Beschützenden.

Dafür hat der Papa immer ein Geschichtl parat, über das man lachen kann oder nachdenken muss.

„Papali, kannst du bitte den Elefanten Jakob zu uns holen!“, ruft der Bub dem Vater entgegen, als der durch die Tür tritt.

Für rasches Reagieren ist FM bekannt. Kein bisschen erstaunt zeigt er sich, dass der Jakob so unerwartet auf dem Tapet ist, seine Antwort kommt prompt.

„Nein, mein Sohn, das geht nicht. Der Jakob wäre für unseren Garten viel zu groß. Er wäre höher als das Salettl, unterm Nussbaum könnte er nur liegen, niemals stehen, und alle Fliederbüsche würde er mit seinem Rüssel ausreißen und sie auffressen. Nein, nein, der muss schon in Indien bleiben. Dort ist er zu Hause. Dort ist er glücklich ... dort bin ich ihm auch begegnet.“

„Bitte erzähl, Papali! Wo lebt er, im Urwald? Und hat er eine Frau? Und Kinder?“

„Also er lebt in einem Elefantencamp, in der Nähe der indischen Stadt Cochin, zusammen mit vielen Freunden und Verwandten. Frau und Kinder hat er nicht. Aber unter Elefanten wie unter Menschen ist er bekannt und sehr beliebt. Der Maharadscha von Cochin, das ist so eine Art indischer König, der mag den Jakob ganz besonders gerne. Manchmal reitet er auf ihm zur Tigerjagd. Aber auch sonst darf der Jakob, was andere

Elefanten aus dem Camp nicht dürfen. Er darf zum Beispiel ganz alleine im Dschungel herumwandern. Und da erlebt er die tollsten Abenteuer."

„Was für welche? Erzähl, Papa!!!"

„Morgen, mein Sohn. Morgen erzähle ich dir ... erzähle ich dir, wie der Elefant Jakob das Krokodil getroffen hat ..."

FM wird dem jüngsten seiner Kinder nicht erzählen, wie dessen Großvater den Elefanten Jakob kennenlernte. Wahrscheinlich, weil der Jakob in der Familie M. bereits so verankert ist, dass man seine Existenz nicht mehr erklären muss, weil er einfach da ist, weil er zu den M.'s gehört wie die Mia, die auch immer noch da ist, die trotz ihrer alterskrummen Beine mit dem Jüngsten des Clans unterm Nussbaum kickt und auch ihm Geschichten aus der Kopfsteinpflastergasse ins Ohr raunt. Für diesen Jüngsten stürzt FM sich und den Elefanten Jakob übergangslos in tollkühne Abenteuer.

„Also pass auf! Eines Tages ist der Jakob wieder auf eine seiner Dschungeltouren gegangen. Ohne seinen lebenslangen Freund und Pfleger, den Pandit, von dem ich dir ein anderes Mal mehr erzählen werde. Auch seinen Vetter, den Affen Jaromir hat er nicht mitgenommen. Ganz allein ist er aus dem Elefantencamp getrabt, vorbei an seinen Verwandten und Kollegen, den Arbeitselefanten, die in den Wäldern rund um Cochin schuften mussten …“

„Hat der Jakob nicht müssen?“

„Nein, weil der durch seine Erlebnisse weit weg von Cochin, in Europa, eine Berühmtheit geworden ist, und weil er ein besonderer Liebling des Maharadschas ist.

Schön und gut, der Jakob trampelt also Richtung Berge. Durch Reisfelder, und Teeplantagen, immer weiter, bis hinauf in die Hügel, wo der dichte Dschungel mit seinen vielen wilden Tieren beginnt. Aber Angst braucht der Jakob ja vor anderen Tieren nicht haben. Er ist größer und mächtiger als alle anderen.

Irgendwann kommt er an einen Wasserfall, den er umgeht, bis das Wasser sich beruhigt und zu einem trägen, stillen Fluss geworden ist. Da bleibt der Jakob ganz glücklich stehen, weil Elefanten lieben nämlich das Wasser. Sie wälzen sich darin, und sie saugen es mit ihren Rüsseln auf und sprühen es über sich wie eine Dusche. Praktisch, so ein Elefantenrüssel. Der kann allerhand viel, aber er ist auch sehr empfindlich.

Der Jakob taucht also seinen Rüssel in das dunkelgrüne Wasser, da zwickt ihn etwas, genau am untersten Ende des Rüssels, da wo er rosa und besonders empfindlich ist. Erschrocken reißt er seinen Rüssel aus dem Flusswasser. Und was sieht er? Irgendetwas hängt dran. Wütend trompetet der Jakob und schüttelt seinen schweren Kopf mit den riesigen Ohren so heftig, dass das Etwas von seinem Rüssel fliegt und dicht vor seinen Vorderfüßen zu liegen kommt. Und was glaubst du, was das war?"

Gebannt starrt der Bub den Vater an, Mund offen, Augen rund, und schüttelt den Kopf.

„Ich weiß nicht, vielleicht einer von diesen Fischen mit den scharfen Zähnen, von denen du einmal erzählt hast?"

„Nein, keine Piranhas, die gibt es dort nicht. Es war, du glaubst es kaum, ein klitzekleines Krokodil. Ein Babykrokodil. Es starrt den Jakob ängstlich an, der Jakob starrt erstaunt zurück, als mitten im Fluss ein riesiges Krokodil auftaucht. Sein Maul ist weit offen, mit seinem Schwanz peitscht es das Wasser …"

Der kleine Bub hat vor Aufregung rote Ohren. FM's Vergnügen an seiner Geschichte wächst von Minute zu Minute, er erzählt, als wäre er Augenzeuge des Vorfalls gewesen …

„‚… lass ihn leben, Elefant, er ist mein jüngster Sohn!', ruft das Krokodil übers Wasser.

Da tritt der Jakob einen Schritt zurück und lässt seinen Rüssel pendeln. Ein paar Blutstropfen fallen heraus und versickern im Ufersand. ‚Also komm her und hole dir den Racker. Er hat mich ganz schön gezwickt', ruft er unwirsch. Das große Krokodil erreicht das Ufer und fegt mit einem seiner Vorderfüße das Babykrokodil ins Wasser. Dann fletscht es seine Zähne, was bei einem Krokodil so etwas wie ein verbindliches Lächeln ist, und stellt sich dem Jakob vor. ‚Mein Name ist Krokomax. Ich danke dir im Namen meiner ganzen Familie, meinen Töchtern Krokodal und Krokodel, meinen Söhnen Krokodol und Krokodul und vor allem meiner Frau Krokodella.' Und schon tauchen sie auf, die Krokodildamen und Krokodilherren, alle fletschen freundlich die Zähne und schwören dem Jakob ewige Freundschaft ... Glaub mir, mein Sohn, Freundschaft kann selbst ein so mächtiges Tier wie ein Elefant gut brauchen. – Das nächste Mal erzähle ich dir, wie der Krokomax dem Jakob aus der Patsche geholfen hat."

So also ist auch aus dem jüngsten M. ein Fan des Elefanten Jakob geworden. Sein Spielzeugelefant mutiert vom Auto des Papa wieder zum Elefanten. Die Mama bringt ihm aus dem großen Spielzeuggeschäft am Graben ein Stoffkrokodil mit.

Das Terrarium des großen Bruders, in dem sich haufenweise Frösche befinden, ist ein idealer Hintergrund für den südindischen Dschungel, in dem der Jakob und der Krokomax Abenteuer auf Abenteuer bestehen. Sie fliegen dem Buben mühelos zu, diese Abenteuer. Locker wechselt er lautmalerisch vom schrillen Krokodil zum dröhnenden Elefanten, quasi aus dem Off knurrt hin und wieder ein Tiger.

Freilich, diese Szenen können die Jakob-Geschichten vom Papa nicht ersetzen.

Aber der hat bedauerlicherweise immer weniger Zeit. Ziemlich wild reist er in der Welt herum, mehr als früher, und wenn er nicht auf Reisen ist, kommt er abends immer später nach Hause. Für längere Geschichten hat er nicht die Ruhe, er setzt sich nicht hin, geht auf und ab im Kinderzimmer, wird oft zum Telefon gerufen, kommt kurz und gedankenverloren wieder. Dann bleibt es beim schnellen Gute-Nacht-Kuss auf den Hinterkopf und einem „Träum von den Englein, mein Sohn".

Weil aber das Gedächtnis eines Kindes bei gegebenen Anlässen durchaus mit dem eines Elefanten zu vergleichen ist, hat der kleine Bub das Versprechen des Vaters nicht vergessen.

„Wann erzählst du das mit der Patsche vom Jakob und vom Krokomax, Papali?"

„Heute ist's schon zu spät, ich muss noch weg."

„Morgen?"

„Morgen, ja, wenn ich rechtzeitig da bin."

So geht es eine ganze Weile. Bis zu jenem Sonntag, an dem FM sich ausnahmsweise zu Hause befindet. Es ist später Nachmittag. Der Papa habe zu arbeiten, die Söhne sollen leise sein und nicht hinaufgehen in den ersten Stock, hat die Mama angeordnet. Der kleine Bub hockt in seinem Kinderzimmer, die Mama schreibt in ihrem Studio nebenan, gleich daneben spielt der Bruder wildes Zeug auf seiner Gitarre, die Tür zu seinem Zimmer hat er zugesperrt. Der Kleine überlegt. Und beschließt, das Risiko zu wagen: Er würde sich an den Papa anschleichen.

Vorsichtig nimmt er die gewundene steinerne Stiege in den ersten Stock. Auf der liegt zum Glück ein weicher Teppich, der jeden Tritt schluckt. Die Flügeltür zum ersten Stock steht offen, nur noch durch den Vorraum, dann die Tür zum Salon, die ist nur angelehnt.

Der Salon ist beeindruckend groß. Er erstreckt sich über die ganze Länge des Hauses. Der Papa, der ganz am anderen Ende steht und Löcher in die Luft starrt, kommt dem Buben auf diese Distanz direkt klein vor. Soll er den Papa auf sich aufmerksam machen? Er ist irgendwie anders, der Papa. Sieht ernst drein. Ob er müde ist? Ob man sich nicht besser wieder schleichen sollte? Aber da hat ihn der Papa schon entdeckt. Mit langen Schritten kommt er auf ihn zu. In Socken. Die Schuhe hat er ausgezogen. Er geht gerne in Socken auf dem weichen hellen Teppich im Salon auf und ab.

„Was gibt's, mein Sohn?“ Die Stimme ist ruhig, nein, er ist nicht böse, der Papa.

„Die Patsche, Papa.“

„Die ... was?“

„Na, dem Jakob seine Patsche, und wie der Krokomax ihm geholfen hat. Du hast versprochen, dass du mir's erzählst."

Ein bisschen muss der Papa nachdenken, ehe er zu schmunzeln beginnt.

„Aja, wie der Elefant Jakob in der Patsche gesessen ist ... na komm."

Der Papa lässt sich in die tiefe weiche Couch fallen, deutet auf den Fauteuil ihm gegenüber, der Bub klettert hinauf, ruckelt sich in Sitzposition, die runden Kinderbeine werden noch eine Weile nicht den Boden erreichen, sie ragen geradeaus in die Luft. Der Papa lehnt sich zurück und verschränkt die Hände auf dem Hinterkopf, wie er es oft tut, wenn er nachdenkt.

„Also ... das war so ...", beginnt er schließlich. „Eines Tages hat der Maharadscha von Cochin den Jakob holen lassen, weil er mit ihm auf die Jagd reiten wollte. Es hat sich nämlich ein Tiger in den Hügeln hinter Cochin herumgetrieben, bis in die Dörfer ist er gekommen, und die Menschen dort hatten schreckliche Angst. Also ist die Jagdgesellschaft – der Maharadscha auf dem Rücken vom Jakob – aufgebrochen, mehrere Tage waren sie unterwegs, schließlich haben sie den Tiger gestellt. Der Jakob hat so laut trompetet, dass der Tiger vor Schreck ein paar Sekunden nicht vom Fleck gekommen ist, und so konnte der

Maharadscha ihn mit einem einzigen Schuss erlegen.

Im Triumph sind sie nach Cochin zurückgekehrt, die Bevölkerung hat nicht nur dem Maharadscha, sondern auch dem Jakob zugejubelt, der Jakob war von da an noch berühmter und wurde von den Menschen richtig verwöhnt. Er bekam extra Ladungen Futter, und arbeiten brauchte er überhaupt nicht mehr.

Das hat die Arbeitselefanten, die den ganzen Tag lang schuften mussten, eifersüchtig gemacht. Vier von denen – es waren kräftige Kerle mittleren Alters – hatten einen besonderen Pique auf den Jakob. Sie beschlossen, ihn lächerlich zu machen, seinem Ruf zu schaden, und sie schmiedeten einen hinterlistigen Plan.

‚Bei allen heiligen Kühen Indiens, wir haben es wirklich schwer. Bis abends müssen wir die kostbaren Holzstämme vom Flussufer in die Stadt schleppen', jammerten sie so laut, dass der Jakob, der in der Nähe stand, um seine Extraration Bananen zu verschlingen, es hören musste. ‚Kein Problem, ich helfe euch', sagte er, weil er ein gutmütiger Kerl ist. Und freundlich plaudernd wanderte er mit den vier Kollegen durch die Hügel zum Flussufer, wo das teure Holz, das dem Maharadscha gehörte wie fast alles, was in Cochin teuer ist, in einem hohen Haufen gestapelt lag. Der Jakob stand ein wenig abseits, um zu überlegen, wo er am besten anpacken sollte, während die vier Verschwörer nebeneinander hinter dem Holzberg Aufstellung nahmen. Und während der Jakob noch nachdachte, schoben die vier mit ihren Rüsseln und aller Kraft, die sie hatten, das ganze Holz mit einem Ruck in den Fluss. Verdattert starrte der Jakob auf das wild aufspritzende Wasser und die Stämme, die sich auf den Weg flussabwärts machten. Die vier fiesen Kameraden hingegen waren wie der Wind im Dschungel verschwunden. Eine Katastrophe, das mit den Stämmen, für die man den Jakob verantwortlich machen würde.

Laut trompetend stampfte der Jakob das Ufer entlang, ratlos sah er die Stämme auf einen nahen Wasserfall zutreiben, als plötzlich ganz nah vom Ufer ein riesiges graugrünes Krokodil auftauchte. Der Krokomax! Er tauchte ab und wenig später so weit unten am Fluss wieder auf, dass er die Stämme auf sich zutreiben sah. Und dann tauchten neben dem Krokomax weitere Krokodile auf. Krokodella, alle Krokokinder, haufenweise große und riesig große Verwandte von den Krokomaxens. Mit ihren schweren Leibern bildeten sie ein Wehr, sie hielten die Stämme auf und manövrierten sie ans Ufer. Dort schichtete sie der Jakob wieder zu einem Stapel. Am Ende sah alles so aus, als wäre nichts geschehen. Aber da das Holz eigentlich von den Arbeitselefanten in die Stadt gebracht werden sollte und nun immer noch am Flussufer lag, bekamen die vier Hinterlistigen im Camp eine Strafe aufgebrummt ... Nicht daran zu denken, wie das für den Jakob ausgegangen wäre, wenn der Krokomax ihm nicht aus der Patsche geholfen hätte."

Kein einziges Mal hat der Bub den Vater unterbrochen. Atemlos hat er zugehört, jetzt schluckt er einmal tief und macht den Mund endlich zu.

„Na?", sagt der Vater und betrachtet das Kind. Wie wunderbar, wenn man sich einer Geschichte so hingeben kann, scheint er zu denken, denn er lächelt so, als würde er genau das denken. Er streicht über das ausgestreckte runde Bein seines Jüngsten, steht auf, streckt sich und ehe er anfängt, wieder im Raum auf- und abzugehen, fügt er – mehr zu sich selbst als zu dem Buben – hinzu: „So ist es. Ohne wahre Freunde ist auch der größte Elefant aufgeschmissen."

Wie wahr, das mit den Freunden. FM glaubt sie zu haben, wo er sie nicht hat. Und er hat sie, wo er sie nicht vermutet.

Und ja, er hat auch Feinde. Ihm bestens bekannte Herrschaften, in denen er den Feind erst jetzt erkennt. Zu seinem ärgsten Feind ist freilich er selbst geworden. Wagemut bis zur Bedenkenlosigkeit. Unternehmerische Hochseilakte ohne Netz. Er weiß zwar, dass er als Verleger auf einem

Grat wandert, aber sein Naturell lässt sich nicht einbremsen.

Eines Abends, nach einem langen Tag des Grübelns, wie sich der drohende Untergang seines Unternehmens verhüten ließe, ist er mit seiner Frau auf dem Heimweg von einer Gesellschaft. Spontan schlägt er vor, in einem nahe gelegenen Restaurant zu Abend zu essen. Ein elegantes Restaurant. Auch hier kennt man FM. Einige Gäste nicken dem Paar grüßend zu. Die Kellner hurteln beflissen. Eine Nische für zwei. Die junge Frau ist vergnügt, es kommt selten vor, dass M's zu zweit zum Abendessen ausgehen. Eigenartig freilich, dass FM schweigsam ist. Das ist er eigentlich nie. Die gewisse Sprachlosigkeit, die zwischen Paaren oft zu beobachten ist, kennen die beiden M's nicht einmal ansatzweise.

„Weißt du, was ein Konkurs ist?", fragt FM übergangslos. Seine Frau schaut ihn verständnislos an.

„In einem Konkurs werden wir alles verlieren", sagt er in nüchternem Ton. „Erst werden sie kommen und die Bilder von den Wänden nehmen, die ich den Banken als Pfand gegeben habe. Dann wird ein Konkursverwalter bestimmt werden, der dafür sorgt, dass alles was ich besitze, nicht mehr mir gehört. Der Verlag, unser Haus, die Gründe am Land, alle meine Bankkonten – das alles wird von einem Augenblick zum anderen nicht mehr mir gehören. Meine Anzüge werden sie mir wahrscheinlich lassen … Die Presse wird mich verreißen, viele unserer Bekannten werden uns nicht mehr grüßen, die Häme wird groß sein. Wir werden nicht wissen, wovon wir leben sollen und wo wir leben sollen. Für die Kinder wird es ein Schock sein, der sie traumatisieren wird …“

FM’s Frau ist ziemlich erschrocken. Die Stimme ihres Mannes hat einen eigenartigen Klang gehabt, so als würde er etwas beschreiben, das er vor sich sieht, ohne es selbst fassen zu können. Sie sieht sich um, hört den Geräuschen der eleganten Atmosphäre nach, leises Gläserklirren, gedämpftes Lachen … und glaubt einfach nicht, dass es so kommen könnte, wie FM es eben geschildert hat. Er wird eine Lösung finden. Er hat noch in jeder brenzligen Lage einen Ausweg gefunden.

Als es aber wenige Monate genau so Wirklichkeit wird, beißt sie die Zähne zusammen …

Wien, im Monat Mai des Jahres 1982

FM's Crescendo endet mit einem Crash. Konkurs. Ein Sturz, über den die Öffentlichkeit sich verbreitert. Ein Glück, dass die alte Mia ihn nicht mehr erlebt, sie hätte diese Art von Ruin nicht verstanden.

Wenige Tage nach dem Konkurs stirbt FM's jüngste Tochter. Das zauberhafte Kind von einst, eben erst zwanzig geworden, dem Vater sehr nahe, stirbt einen plötzlichen Tod. In der kleinen Kirche neben dem gelben Haus, das nun FM nicht mehr gehört, in der Kirche, in der vor wenigen Jahren sein Jüngster getauft worden ist, wird die Totenmesse gelesen. Das Gewölbe ist schwarz vor Menschen. Die Treuesten sind trauernd gekommen, manche kamen aus Mitgefühl, viele aus Neugier. Sie starren ihn an, den Mann, der als Inbegriff von Erfolg gegolten hat. Sein Gesicht ist grau und starr. Es hat den Anschein, als wäre er zwar physisch, in Wirklichkeit aber nicht zugegen. „Hiob", flüstert jemand in der Menge. Manche weinen.

Im gelben Haus sind keine Bilder mehr an den Wänden. Der große, für fröhliche Zeiten geschaffene Salon sieht verwundet aus. In seiner Mitte wartet FM's Bruder Otto mit einer Flugkarte für den mittellos Gewordenen, auf dass der zur Kremierung seines Kindes in die Ferne reisen kann. Später wird Otto den Bruder aufs Land verfrachten, um ihn Atem holen zu lassen.

Nicht lange danach verlassen die Kinder das gelbe Haus für immer. Auch sie ziehen aufs Land. So entgehen sie dem Medienrummel um den Ruin des Vaters, dem auch sie sich stellen mussten. Sie gehen mit der Großmutter. Der Große mit der unverzichtbaren Gitarre über der Schulter, der Kleine mit einem Rucksack auf dem Rücken, aus dem ein Kasperl guckt. Der Große voll Neugier auf das Neue, wie gesagt, für ihn ist jede Veränderung ein Fest. Der Kleine mit einem wehen Abschiednehmen von Vertrautem, das zum Engramm werden wird.

Ich, der Jakob, habe mit FM's junger Frau (die, wenn man akkurat sein will, nicht mehr jung ist) ausgeharrt. Sie ist die letzte M., hinter der sich das Tor des gelben Hauses schließt. Sie wird dieses Haus, in dem sie glücklich war, das ihr bis zu jedem Haarriss in der Decke vertraut ist, nie mehr betreten. Aber sie wird immer wissen, wie es darin gerochen hat.

Bleibt die Frage: Was geschieht mit mir, mit dem Jakob? Nun, ich kann Ihnen versichern, dass ich das Haus mit der Familie, die ich längst als die meine betrachte, verlassen habe. Einerseits ideell, andererseits durchaus real, in einem der Kartons, die FM's Frau ins Exil mitgenommen hat.

Jahre später wird sie in diesem Karton einen Aufsatz eines ihrer Söhne finden. Der Bub dürfte zwölf, vielleicht schon dreizehn Jahre alt gewesen sein, als er ihn geschrieben hat.

Er trägt den Titel: „Wie mein Vater den Elefanten Jakob kennenlernte ...“
Es ist übrigens eine andere Geschichte geworden als diejenige, die FM zu erzählen pflegt:
Sein Sohn lässt ihn nach Indien fliegen, einen Jeep mieten und ohne Guide, fröhlich pfeifend, in den Dschungel düsen. Dort übersieht er ein Schild mit der Warnung ‚Achtung! Straße endet nach 100 Metern‘, fährt in einen Graben und erwacht aus seiner Betäubung, als ein Elefant aus dem Unterholz bricht ...
Der Elefant bin natürlich ich. Auf meinem Rücken der Affe Jaromir, woran mich der Verunfallte als den Freund seines verstorbenen Vaters Ernst erkennt. Man nimmt mitten im Dschungel Platz und kommt ins Gespräch ...
Eine putzige Geschichte, ohne weitere Konsequenzen für meine Entwicklung, es sei denn die Gewissheit, dass sich auch die Phantasien der nächsten Generation M. um mich ranken. Daraus ergibt sich für mich eine Frage, die mich neuerdings beschäftigt: Verwischen sich meine Konturen, seit ich Einzug in der Kopfsteinpflastergasse gehalten habe? Oder erwerbe ich mir eine eigene Persönlichkeit, so wie meine Protagonisten sie besitzen?

Jakob und der alte Mann

In einem Alter, in dem der Durchschnittsbürger hierzulande Pläne für den Ruhestand schmiedet, steht FM inmitten eines Scherbenhaufens. Wird er verzweifeln? Aus Gram vor seiner Zeit vergreisen? Zur Last für seine gebeutelte Familie werden? Die Phase, in der solche Entwicklungen denkbar wären, dauert wenige Wochen, dann holt FM Luft und startet durch.

Bei null. Und null bedeutet: Kein Bankkonto, kein Haus, kein Grundstück. Nicht ein einziger Wertgegenstand, den er verscherbeln könnte. Was er sowieso nicht könnte, weil alles was ihm gehörte, in der Konkursmasse gelandet ist. Und was er sowieso nicht täte, weil es seinem Ehrgefühl widerspräche. Ich habe Mist gebaut, würde er sagen. Das muss ich ausbaden, würde er sagen. Sagt er übrigens auch. Als ein Freund ihm anbietet, die in drei Generationen M.'s gewachsene zeitgeschichtliche Bibliothek aus der Konkursmasse herauszukaufen, um sie später FM oder seinen Söhnen zu übergeben, lehnt er ab. Tausend oder mehr Bände, sein Stolz und seine Leidenschaft, das einzige Besitztum, an dem sein Herz wirklich hängt – der einzige Sachverlust, den er nie ganz verwinden wird.

Viel ließe sich über die Zeit nach dem Crash erzählen. Fieses und Berührendes. Miesitäten so mancher, die in den guten Zeiten bei M.'s aus- und eingegangen sind. Und Grundgütiges vonseiten der Freunde und mancher Menschen, die FM bislang kaum wahrgenommen hat. Geschichten eben, wie sie mit Untergängen einhergehen.

Das Besondere an diesem Untergang ist die Auferstehung.

Der neue Lebensmittelpunkt der M.'s ist ein Haus in den Bergen. FM hat es zu einer Zeit, als das *Wieviel* für ihn keine wesentliche Rolle spielte, dem Erbauer, einem genialischen Schriftsteller, der das Haus auf einem sanft zu Wald und Fels ansteigenden Feld errichten ließ und eines Tages keine Lust mehr auf Berge hatte, abgekauft. Ein paar Jahre später hat er das Haus seiner Frau geschenkt. Als Ferienhaus, so war's gedacht. Jetzt ist es das einzige Dach überm Kopf, das der Familie geblieben ist. Weil es nicht in die von Bankrotteuren als besondere Bitternis empfundene „Masse" fallen kann. Weil es der Frau gehört. Weil sich die M's in diesem Haus auf dem Lande sicher fühlen.

Es ist Herbst. In jeder Hinsicht.
Immer noch anno 1982

Das Land! Also viel Erfahrung haben die M.s mit dem Leben auf dem Lande nicht. Von den üblichen Sommerfrischen und Schiferien abgesehen, eigentlich keine. Urbane Menschen sind sie. FM braucht die Stadt und ihr Tempo und die Aura des Geschehens, um seinen Motor anzuwerfen. Die Kinder sind nicht daran gewöhnt, als ungebetene Fremde behandelt zu werden, aber genau das geschieht ihnen nun im Dorf. Und FM's Frau? Nun, die hat das Glück, eine Mutter zu haben, die alle Tiefschläge des 20. Jahrhunderts inklusive daraus resultierender Verluste erlebt hat, und daher durch einen Konkurs nicht mehr zu erschüttern ist. Diese Mutter hat fürs Landleben zwar gar nichts übrig, aber sie zieht mit in die Einschicht. „Du wirst verdienen müssen, wer schaut auf die Kinder, wer aufs Haus?", sagt sie der Tochter. Sie bringt sich vorbehaltlos ein. Sie erinnert mich an eine dieser erfahrenen Elefantenkühe, die Angehörige meiner Art sicher durch die Fährnisse des Daseins führen; die mit ihren ausgewachsenen Töchtern und den Kindern in Herden zusammenleben, während die Bullen außen vor bleiben. Das neue soziale Muster der Familie M. ist mir also durchaus vertraut, zumal sich auch der Bulle der Herde artgerecht verhält: FM beginnt wieder auf allerlei Weise für den Unterhalt der Familie zu sorgen,

was dazu führt, dass er kaum bei den Seinen zu finden ist.
Er packt an, was sich ihm bietet. Dies und jenes. Historische Recherchen für eine zeitgeschichtliche TV-Serie. Beurteilungen der politischen Szene des Landes für einen Zeitungsverleger. Schließlich hat er die Idee zu einer Serie von Dokumentationsfilmen. Sie ergibt sich quasi von selbst aus der jahrelangen Tätigkeit FM's als Präsident der Auslandsösterreicher. Diesem sogenannten „10. Bundesland" dient er mit Hingabe. Rund um die Welt wird er nun reisen, um die Schicksalswege seiner weit verstreuten Landsleute zu dokumentieren. Die Serie wird ein Erfolg. Sie wird ihn Jahre beschäftigen und ihn rund um die Welt führen.
Daraus folgt, dass er in dem Haus auf dem Land selten anzutreffen ist. Er kommt, um seine Koffer abzustellen, die Familie kurz zu sehen und die Koffer für die nächste Reise neu zu packen. Seine Begeisterungsfähigkeit für alles Neue ist ihm geblieben. Er liefert fesselnde Berichte über Länder, die er bereist, und Menschen, denen er begegnet. Man hört ihm hingerissen zu, genau wie damals, als er von mir und meinen Abenteuern zwischen Asien und Europa erzählte.
Ich selbst spiele im Leben der M.s zurzeit keine Rolle. Verständlich, die Söhne sind in einem Internat und wachsen heran, ich gehöre in die Welt ihrer Kindheit. Die Frau hat aus der Not im Konkurs eine Tugend gemacht, sie verdient jetzt ihr Geld, ist ihrerseits viel

unterwegs und lebt von ihren eigenen Geschichten. Die unverzichtbare Großmutter hat sich nie sonderlich für mich interessiert, weil sie nämlich an mich, den Jakob, nicht recht glaubt. Vielleicht wäre es anders, wenn sie von meinem Geheimnis Kenntnis hätte. Ich bin sicher, dass es ihr gefallen würde. Es wäre an FM, es zu lüften, aber wenn er es bisher nicht getan hat ... Wer weiß, vielleicht wird er es niemals tun ...
Was heißt das für mich und meinen Status? Wieder einmal Versenkung. Wie lange?
Schwer zu sagen. In jedem Falle gedenke ich, meine Position als Chronist der M.'s vorläufig beizubehalten.

Die Art, wie FM ohne Gejammer und ohne sentimentalen Rückblick auf seine großartigen Zeiten eine neue Existenz zimmert, wird wahrgenommen und findet Anerkennung. Herrschaften, die nach dem Konkurs die Straßenseite wechselten, wenn sie FM kommen sahen, steuern ihn nun wieder eilfertig an, um ihn zu grüßen. Kein Loser, der Mann, das geben selbst seine Kritiker zu. Seine Leistungsfähigkeit erstaunt, immerhin wird er bald siebzig. Sein Tatendrang, der ihn immer schon vorantrieb, ist nicht versiegt. Und weil seine Begeisterung für Printmedien im Allgemeinen und Bücher im Besonderen sein berufliches Debakel überlebte, gründet er noch einmal einen Verlag. Kleiner, bescheidener, im Rahmen des Möglichen halt. Keine internationalen

Abenteuer mehr, das Verlagsprogramm ist auf Österreichisches beschränkt. Das Österreichische, immer schon seine Herzenssache.

Steuert FM eine zweite Auflage seiner Erfolgsjahre an? Manches spricht dafür. Aber die einschlägigen „Mächte des Geschickes“ spielen nicht ganz mit.

Ein heißer Hochsommer in den Bergen. FM und seine Frau sind im Haus auf dem Land. Es läuft dort das jährlich stattfindende geistige Spektakel ab, das dem Ort den Spitznamen ‚Dorf der Denker‘ eintrug. Das Haus der M. ist ein offenes, kein Tag, an dem es keine Gäste gibt. Es wird oft spät. Und ist auch an jenem Abend spät geworden, an dem FM in der Nacht über eine steile Stiege im Haus stürzt, schwer verletzt ins Krankenhaus gebracht und am zerschmetterten Oberschenkel operiert werden muss.

Dank der ihm innewohnenden Zähigkeit erholt er sich ziemlich rasch, schon ist er wieder in der Stadt, schon wieder im Büro, als das Konstrukt, das dem kaputten Bein implantiert wurde, um ihm Halt zu geben, als dieses Ding, das angeblich Jahrzehnte halten soll, als es bricht und das Bein auf immer schädigt. Wie das geschehen kann? Weshalb so ein Ewigkeitsding wie dieses Konstrukt quasi aus dem Hinterhalt bricht? Ein Materialfehler, das findet man heraus. Ein Materialfehler, der den agilen Mann unaufhaltsam in die Invalidität schicken wird.

Aber noch ist es nicht so weit. Freilich, mit dem für ihn typischen schnellen Gang, Füße leicht nach außen gedreht, Kopf erhoben, ist es vorbei. Noch sind es nicht die Schmerzen, die FM beim elastischen Gehen behindern, es ist eher eine gewisse Unsicherheit. Wird das kunstvoll geflickte Gebein halten? Physische Unsicherheit also. Wirft gern ihren Schlagschatten auf die Psyche. Gefühle, die FM bislang fremd waren. Mit denen umzugehen er erst lernen muss. Man schlägt ihm vor, einen Stock zu benützen, er lehnt ab. Nur kein Zeichen der Schwäche. Er stützt sich lieber auf die Schulter seiner Frau. Arbeitstempo zurücknehmen? Kommt nicht in Frage, Business as usual. War es nicht immer so?

Wie der alte trägt auch der neue Verlag seinen Namen. FM betreibt ihn in zwei Zimmern der Wohnung, in der seine Frau groß geworden ist. Hohe, großzügige Räume in einem wunderbaren Haus. Erbaut von dem berühmtesten Baumeister seiner Epoche Ende des 19. Jahrhunderts. FM liebt dieses Haus, sein elegantes Vestibül, seine Weite. Und seinen Aufzug mit den gemütlichen Sitzbänken und den geätzten Glasfenstern. Denn die perfekt proportionierten Stufen des Stiegenhauses, die dafür gerühmt werden, dass man sie leicht wie der Wind im Sturm nehmen kann, die wird er, selbst bedächtig, nie mehr nehmen können.

Unter seinen Mitarbeitern sind einige aus der Zeit des ersten, des Bestsellerverlages. Schildknappen, die dem alternden Boss von einst die Treue halten. Und junge Menschen, die von FM das Büchermachen lernen wollen. Sie kommen und gehen. So auch der jüngere Sohn, dem der Vater den Verlag gerne übergeben würde. Der Ältere ist Journalist, Theatermacher, Musiker geworden und zeigt fürs väterliche Unternehmen kein Interesse. Der Jüngere studiert Geschichte. Er arbeitet eine Zeit lang an der Seite von FM. Sieht den Vater durchaus kritisch. Ist ihm dennoch tief verbunden. Und erklärt gerade deshalb, dass sein Weg ein anderer sei.

Reisende soll man nicht aufhalten. Ein typischer FM-Satz. Einer, den er nicht nur sagt, sondern meint. Immer wieder sind ihm wertvolle Mitarbeiter zu höheren Zielen abgewandert. Nie hat FM versucht, sie davon abzubringen. Ob aus Erinnerung an die eigene Lust an Neuem? Oder aus angeborener Großzügigkeit? Es könnte beides sein.

Ein Jahrzehnt, in dem die körperlichen Unzulänglichkeiten zunehmen und die beruflichen Erfolge abnehmen: FM geht auf die achtzig zu. Er leidet an Neuropathie, einer Krankheit des peripheren Nervensystems, die mit Kältegefühl in Füßen und Händen einhergeht, auch das eine Spätfolge des Unfalls. Er trägt deshalb Tag und Nacht Handschuhe aus weichem Leder. Menschen, die mit den

M.'s nicht vertraut sind, pflegen sich darüber zu mokieren. Eine neue Marotte, spötteln sie. FM, der nichts lieber täte, als seine schmalen Hände mit den langen Fingern gebrauchen zu können wie früher, der über sein Leiden kaum ein Wort verliert, FM trägt auch das mit Fassung.

Fatalismus? War eigentlich nie seins. Ist es auch jetzt nicht. Die Abgeklärtheit des Alters? Schon eher. Als er sieht, dass dieser sein letzter Verlag die erwünschte Zukunft nicht hat, beschließt er, ihn zu verkaufen. Freilich, ein gerissener Geschäftsmann war er nie, auch wenn es oft so ausgesehen hat. Er hatte einfach Glück, diesmal hat er es nicht. Ritterlichkeit im Business, von der FM stets ausging, ist selten geworden. Beim Verkauf des Verlages entfällt sie ganz. Man zieht den alten Mann über den Tisch.

Er hätte bitter werden können. Er wird es nicht. Er ist jetzt gerne im Haus auf dem Land und verbringt den Großteil des Tages mit Lesen. Vier und mehr Tageszeitungen täglich, Magazine, und Bücher, Bücher, Bücher. Geschichte, Zeitgeschichte, Politik und Biographien. Literatur ist für ihn kein Muss, ausgenommen Neuerscheinungen, die Verkaufsrekorde brechen. Da will er einfach wissen, ob er den Erfolg nachvollziehen kann. „Du liest Harry Potter? Das kann nicht dein Ernst sein", wundert sich ein Freund. Dazu FM: Warum nicht, die Rowling mache Millionen, ihn interessiere, wieso.

Ja, er bleibt wach. Die öffentlichen Dinge passionieren ihn wie eh und je. Als er noch ein wilder Kerl war, hat er mitgemischt, jetzt diskutiert er darüber mit seinen Freunden und den Gästen, die er im Haus auf dem Land oder im Salon der Wiener Wohnung um sich versammelt. Und man kommt gerne, man hört ihm zu, man möchte wissen, was er vom aktuellen Geschehen hält. „Warum rennen eigentlich alle hin, wenn der M. einlädt? Er ist alt, verbraucht, was kann der an Unterhaltung bieten?", hört man einen jüngeren Menschen fragen, worauf ein älterer erwidert: „Mein Bester, der Mann ist ein Stück Geschichte, er ist ein historisches Monument."

Die M.s reisen oft zwischen Stadt und Land hin und her. Seiner Behinderungen wegen kann FM nicht mehr chauffieren, das besorgt jetzt seine Frau. Von West nach Ost und von Ost nach West, immer wieder, quer durch Österreich. FM kann jeden Berg, jeden Fluss, jedes Tal benennen. Er kennt die Geschichte der Städte, die man passiert. Nie wird er müde, Geschichte in Geschichten zu verpacken, die das Reisen kurzweilig machen. Mit den Jahren wird er zwar müder, manchmal nickt er auf diesen Fahrten ein. Aber wenn er wach wird und sich umsieht und die Landschaft betrachtet, haben seine Augen einen zärtlichen Glanz. Es geschieht auf einer dieser Fahrten, man hat Salzburg hinter und die anmutige Wallfahrtsbasilika Maria Plain vor sich. Es ist Herbst und das bunte Laub leuchtet in der Sonne, als FM einen Satz zu seiner Frau sagt, den sie als Vermächtnis nimmt. Leise sagt er: „Wenn ich einmal nicht mehr bin, preis mir dieses Land.“

Denkt FM ans Sterben? Anzunehmen, zumal er in seiner Zukunft nichts Verlockendes sieht. Er ist zum Zuschauer geworden. Die Frau hat ihren Beruf. Die Söhne gehen ihre Wege, sie sind mit ihrem jungen Leben vollauf beschäftigt. Und doch sind es grade die Söhne, die sich Gedanken über die alten Tage des Vaters machen. Über eine sinnvolle Beschäftigung für ihn, die sein altes Feuer anfachen könnte.
„Schreib doch, Papa", sagen sie eines Abends, als die Familie beisammensitzt.
„Was soll ich denn schreiben?" FM ist von der Idee nicht hingerissen. „Ich habe schon alles geschrieben. Über die Widerstandszeit, über den Konkurs, über österreichische Geschichte, über Politik, über meine Jugend ..."
Jugend! Das ist das Schlüsselwort. Die Söhne sehen einander an, grinsen und sagen nahezu synchron: „Schreib über den Elefanten Jakob."
So bin ich also wieder einmal aufgetaucht, bin nach wie vor im Bewusstsein meiner Familie. Die Jungen schreiben mir eine Rolle zu, die mich über den Dunstkreis der M.s hinaus öffentlich machen könnte. Ich muss zugeben, dass mich diese Entwicklung höchlichst erfreut.
Wird mein Feppchen anbeißen? Wird er meine Geschichte in Worte fassen? Wird er mein Geheimnis

lüften? Ich werde ihm mehr denn je über die Schulter schauen müssen.

FM sinnt. Je länger er sinnt, desto sinnvoller scheint es ihm, die Geschichte, die seine Kindheit verzaubert hat, niederzuschreiben. Allerdings steht er dabei vor einigen logistischen Problemen.

Seine traurigen Handschuh-Hände kann er zum Schreiben nicht mehr gebrauchen. Andererseits – hat er in seinen schnelllebigen jüngeren Jahren nicht Leitartikel und sogar einige seiner Bücher diktiert? Das müsste gehen, ja. Bleibt die Frage, wem man diktieren könnte. Eine Sekretärin gibt es nicht mehr. Wer in seiner Umgebung wäre langmütig genug, sich einer solchen Aufgabe zu unterziehen, noch dazu um kein Geld und ein paar gute Worte?

In FM's Leben gibt es von jeher Menschen, die von seiner Persönlichkeit, seiner Ausstrahlung, von seinem Temperament derart fasziniert sind, dass sie ihm quasi verfallen. Die an ihm picken bleiben wie Tagfalter an harziger Baumrinde. Die seine Fehler sehen und ihm trotzdem ergeben sind. Diese Fähigkeit zu faszinieren ist ihm bis ins Alter geblieben. Einer, der ihr, wenn man so will, zum Opfer fällt ist ein junger polnischer Dichter. Er chauffiert FM, wenn's nottut, zum Arzt, begleitet ihn zu Veranstaltungen und bietet seine Schulter diskret als Krückstock dar. Er nimmt es gelassener als die

Familie, wenn FM grantelt. Er hat die Fähigkeit, den alten Mann positiv zu stimmen. Weil er ihm jedes gewünschte Maß an Aufmerksamkeit schenkt.

Dieser junge Mensch erklärt sich bereit, die Geschichte vom Elefanten Jakob auf Papier zu bringen. Freilich nicht nach Diktat. Das scheint ihm in Anbetracht der autokratischen Gemütsanwandlungen des zukünftigen Autors denn doch zu riskant. FM soll seine Story auf Band sprechen, er, der Dichter wird sie transkribieren. Er will schließlich nicht wie Sisyphos enden, er wird diesen Stein auf den Gipfel rollen.

Das Unternehmen „Elefant Jakob" beginnt. Es hat seinen Sitz in den hohen Räumen der Stadtwohnung und eine Dependance in der Stube des Hauses auf dem Land. In Letzterer häufen sich Bücher auf dem langen Speiszimmertisch. Sachbücher zum Thema Elefant: Wie sind die Tiere beschaffen, wie verhalten sie sich, was können sie, was andere Wildtiere nicht können? Tolle erlebte und erdachte Geschichten über Elefanten. Literarisches zu Elefanten. Seit sich herumgesprochen hat, dass FM irgendetwas über Elefanten schreibt, senden Freunde einschlägige Bücher, bringen Gäste Fotobände über Elefanten mit ins Haus. FM ist ein Querleser. Nach wenigen Wochen ist sein Wissen über Elefanten – na ja, nicht gerade profund, doch für einen, der mit Natur nie viel im Sinne hatte, doch erstaunlich.

Um die Geschichte zu diktieren, will FM in Wien sein, er braucht dazu Büroatmosphäre. Hat er ein Konzept? Weiß er, wo er beginnt und wie die Erzählung enden soll?

Wer ihn an seinem Schreibtisch sitzen sieht, vornübergebeugt in das kleine Tonbandgerät sprechend, manchmal zögernd, meistens flüssig, manchmal vergnügt lachend über eine plötzlich entstandene Idee, dann wieder fluchend, weil er den falschen Knopf am Rekorder gedrückt hat, wer das sieht, muss Zweifel an einem durchdachten Aufbau der Geschichte hegen. Wird vermuten, dass der Autor die Geschichte letztendlich zur eigenen Unterhaltung erzählt.

Eines Tages ist sie erzählt. FM ist zufrieden. Die Tonbänder übergibt er dem polnischen Dichter zur Transkription. Zu seiner Frau sagt er glücklich: „Jetzt sind wir wie die Eltern. Du schreibst, ich schreibe. Mama hat geschrieben, Papa hat geschrieben. Die Eltern haben das ‚Beruf: Schriftstellerei' genannt."

Anmerkung zu einem „Magnum opus“

Es soll Autoren geben, die glauben, dass für ein Werk vor allem der erste und der letzte Satz wichtig seien, der Rest ergebe sich von selbst. Da ist was dran. Vorausgesetzt, man hat eine Vorstellung, was im „Rest“ beschrieben werden soll.
Nun, ich wage zu behaupten, dass FM keinem genauen Plan gefolgt ist, als er mich zu einem Protagonisten seiner Erzählung machte. Er fabulierte drauflos. In vielem musste er mich erst erfinden. Aber die Erfindungsgabe war ja nie sein Problem. Und ich zähle zu den Geschöpfen, in die man hineinfantasieren kann, was einem einfällt,

Titel des FM'schen Alterswerks? „Der Elefant Jakob“. Was sonst. Es gibt auch einen Untertitel: „Geschichte einer Freundschaft“. Womit der Autor den Hinweis liefert, dass den Leser mindestens zwei Helden erwarten, das eher schmissige Vorwort wird es bestätigen: Ein regnerischer Herbsttag im Budapester Zoo, Anfang des 20. Jahrhunderts. Im Elefantenkäfig ein ziemlich trauriger junger Elefant. Vor dem Käfig ein eleganter junger Mann. Elefant und Mann mustern einander, beide haben das Gefühl, dass etwas im Gange ist. Der Mensch spricht den Elefanten an, stellt sich ihm vor. Der Elefant versteht jedes Wort, er antwortet. Der junge Mann wiederum versteht, was der Elefant sagt, etc., etc.Warum das so ist, können sich beide nicht erklären. Aber sie können darüber lachen, ihre Freundschaft beginnt …

So einfach kann's gehen. Sobald einmal die Sprachbarriere überwunden ist, können sich die Protagonisten hemmungslos austauschen. Und genau das tun der aus Südindien stammende Elefant namens Jakob und der aus Wien stammende junge Mann namens Ernst von der ersten bis zur letzten Seite des FM'schen Manuskripts.

Wir kennen die Geschichten, müßig, sie zu wiederholen, obwohl man etlicher Perlen von FM's blühender Phantasie verlustig gehen würde.

Etwa, dass der Budapester Zoodirektor beschließt, dem Jakob eine Pension in der damals geltenden ungarischen Währung, dem Pengő auszubezahlen. Weil der Jakob nämlich als ein von einem österreichischen Erzherzog eingebrachtes Geschenk Anspruch auf den Titel eines königlich-ungarischen Hofelefanten hat und somit als Beamter der dritten Dienstklasse in der ungarischen Beamtenhierarchie firmiert. Das muss einem einmal einfallen.

Oder die verschlungenen Pfade, auf denen ein Nachkomme des Affen Jaromir das Schreiben auf der Schreibmaschine erlernt, um zwischen dem nach Indien zurückgekehrten Jakob und dem in Europa verbliebenen Ernst eine Korrespondenz aufrechtzuerhalten. Inklusive P.O. Box in Cochin. Plus Beschreibung des Schiffspostweges zwischen Südindien und Wien. Im Falle der Letzteren scheint es sich um relativ sachkundige Informationen zu handeln, denn FM ist Abonnent der jährlich erscheinenden Welt-Flug- und Schifffahrtspläne und überdies – berufsbedingt – dem journalistischen Gesetz von Check-Recheck-Doublecheck verschrieben.

Wirklich schlagend wird die Akkuratesse des Autors freilich, wenn Zeitgeschichte ins Spiel kommt. Letztere ist quasi ein integrierender Bestandteil der FM'schen Großhirnrinde, an Zeitgeschichte ist bei diesem Menschen kein Vorüberkommen. Und der Protagonist Jakob wird zum geduldigen Opfer dieses ausgeprägten Faibles. Manuskriptseitenweise muss der Elefant sich über den Zusammenbruch der Habsburger-Monarchie, über die Lage Österreichs in der Zwischenkriegszeit und über die Machtergreifung Hitlers informieren lassen. Vifes Kerlchen, das er nun einmal ist, stellt er stets Fragen, die dem Autor das Weiterspinnen des historischen Fadens mühelos machen.

So weit, so gut. Bis zur Rückkehr Jakobs nach Indien. Dort nämlich mausert sich der Elefant vom liebenswerten Brieffreund eines Wiener Journalisten zum politischen Akteur am heimatlichen Subkontinent.

Ich über mich im Selbstverlag (ein typischer FM-Sager zum weiten Feld der Autobiographie)

Es wird wieder Zeit, dass ich mich einbringe. Das Finale meiner Lebensgeschichte, das mein Feppchen mir aufdividiert hat, verlangt es:
Ich bin also nach Cochin zurückgekehrt. Ich treffe meine alte Mutter wieder. Ich werde vom greisen Maharadscha, der mich seinerzeit an den Erzherzog verschenkte – ja, bei meiner Rückkehr lebt er grade noch –, auf das Wärmste empfangen und zu einem der Hofelefanten ernannt. Mein Ansehen im Fürstentum ist enorm, arbeitsmäßig schiebe ich eine ruhige Kugel, das Dasein plätschert dahin. Dann freilich entscheidet mein Biograph FM, dass ich mich verlieben muss.
Die Dame ist noch ziemlich jung, sie heißt Lara und ist eigentlich einem kräftigen jungen Arbeitselefanten namens Lolo versprochen. Da die großen Leidenschaften offenbar nicht die meinen sind, nehme ich den drohenden Verlust der hübschen jungen Elefantin ziemlich gelassen. Indes, sieh an, sie entscheidet sich für mich. Hochzeit. Obwohl ich nicht mehr der Jüngste bin, zeuge ich doch glatt einen Sohn. Und mit dem ausgebooteten Lolo verbindet mich alsbald eine Freundschaft. Mit meinem Wiener Freund Ernst bin ich dank dem Affen Jaromir und meinem Mahout Pandit – ja, Letzterer ist nach wie vor an meiner Seite,

so er nicht auf meinem Rücken sitzt – in regelmäßigem Briefkontakt.
So weit, so gut. Eigentlich könnte der Autor mit dem gängigen Schlusswort vieler Märchen „Und wenn sie nicht gestorben sind, so leben sie noch heute“ oder mit einem simplen „Ende“ diese Geschichte einer Freundschaft beschließen. Indes, wer FM auch nur ansatzweise kennt, wird es ahnen: Das wäre ihm zu banal. Er muss einen Kontrapunkt setzen. Also auf in die Apotheose!
Indien im politischen Auf- und Umbruch der Dreißigerjahre des 20. Jahrhunderts, eine Materie, die FM geläufig ist. Gandhi und Nehru beschwören die gewaltlose Befreiung Indiens aus britischer Kolonialherrschaft. Friedliche Demonstrationen häufen sich. Die Söhne des alten Maharadscha von Cochin fraternisieren mit der Freiheitsbewegung. Und ich, der Elefant Jakob? Wie komme ich ins Bild?
Laut FM ist das sonnenklar: Während der Jahre meiner Gefangenschaft in europäischen Zoos ist mir der Begriff Freiheit tief unter die faltige Haut gegangen. Ich werde mich – so will es mein Biograph – für die Freiheit einbringen! Mit der Billigung der jungen Prinzen von Cochin werde ich bei dem historisch sattsam bekannten „Marsch zum Meer“ im Jahre 1931 mitmarschieren.
Ein Meilenstein in Indiens Kampf gegen die britische Kolonialherrschaft, dieser Marsch. Angeführt von Mahatma Gandhi selbst, dem 100.000 Menschen und mehr von Zentralindien zum Golf von Bengalen folgten,

um dort Salz aus dem Meer zu holen. Ein viele Monate dauernder, gewaltloser, symbolischer Akt der Inder gegen das Salzmonopol der Briten. Soweit der historische Hintergrund. Und mitten drin ich, der Jakob. Weil es FM so gefällt.
Die Schlüsselszene: Jakob, ziemlich an der Spitze der Marschierer, nicht zu übersehen in dem unübersehbaren Zug von Menschen. Dramaturgisches Schmankerl: Auf seinem Rücken nebst Pandit je ein Anführer der Hindus, der Moslems und der Sikhs, um die Einheit des gemeinsamen Ziels zu symbolisieren.
Da! Eine unter dem Kommando der Briten stehende Polizeieinheit taucht auf! Sie will den Zug zum Anhalten bewegen. Ihre Aufforderung verhallt, zu groß der Druck der Massen von hinten. Schüsse werden in die Luft gefeuert! Vergebens, der Menschenstrom wälzt sich vorwärts. Die Polizei holt Hilfe aus der nahen britischen Garnison. Eine Schwadron britischer Kavallerie rückt an, warnt die Menschen über Megaphon, ohne Ergebnis. Die Briten beginnen über die Köpfe der Menschen hinweg zu schießen. Alles wirft sich zu Boden. Nur ich, der Jakob – man bedenke die Masse meines Leibes – schaffe es nicht rechtzeitig. Ich gehe erst zu Boden, als mich mehrere Schüsse in den Oberschenkel und den Unterbauch getroffen haben.
Könnte ein starkes Ende sein: Tod im Dienste der Freiheit. Wird es aber nicht. Denn irgendetwas fehlt dem Autor zur Vollendung seines Werkes. Heißt dessen

Untertitel nicht „Geschichte einer Freundschaft"? Keine Frage, Freund Ernst aus Wien muss noch einmal her. Wie löst es der Autor? Indem er den Ernst just jetzt als Berichterstatter für seine Wiener Zeitung durch Indien touren lässt.
News travel fast, auch in den Dreißigerjahren des 20. Jahrhunderts. Ernst hört über den indischen Pressedient von dem schwer verletzten Elefanten, den man unter großen Mühen nach Kerala gebracht ha. Er ahnt, dass es sich um mich handelt, und fährt stehenden Fußes von Bombay nach Cochin. Da liege ich, sterbend zwar, aber liebevoll umgeben von Frau und Kind und Maharadscha & Co. Ernst weicht nicht mehr von meiner Seite. Um meine Sorge um die Freiheit meines Landes zu zerstreuen, tröstet er mich – typisch FM – noch mit einem anschaulichen Bericht über die Wiener Türkenbelagerung, weil die zu guter Letzt auch mit einer Befreiung geendet habe. So, genau so begleitet mich mein Lebensfreund bis zu meiner Auffahrt in den Elefantenhimmel …

Eigentlich müsste mich das Manuskript zuversichtlich stimmen. Ich, der Protagonist von FM's Alterswerk – auf diesem Umweg könnte ich es in die Zeitgeschichte schaffen. Oder ich lande in einer Märchensammlung. Schließlich haben es auch die Geschichten des Baron Münchhausen dahin geschafft …

Indes, die Geschichte vom Elefanten Jakob, so wie sie der alte Herr geschrieben hat, wird die Öffentlichkeit nie erreichen.

Zunächst zweifelt niemand am Erscheinen des Textes. Weder die Familie noch die Freunde und FM erst recht nicht. Hat man doch einen literarischen Agenten, unverzichtbarer Geburtshelfer für Autoren, die ihre Werke auf den Markt werfen wollen. Einen Meister seiner Zunft, der Familie M. übrigens freundschaftlich verbunden. Er findet die Elefantengeschichten vom Thema her reizvoll, rät jedoch zu gründlicher Überarbeitung des Manuskriptes. Und beißt damit auf Stein. FM rührt das Manuskript nicht mehr an.

Ist der für sein Talent als Erzähler geschätzte Mittelpunktmensch enttäuscht darüber, dass seine Art zu erzählen diesmal nicht ankommt? Ist er einfach zu müde, um sich ans Überarbeiten zu machen? Oder ist er im Stillen ganz zufrieden, dass der Elefant Jakob in der Familie bleibt? Fest steht jedenfalls, dass die Kopien des vom polnischen Dichter fein säuberlich getippten Manuskripts in den Tiefen eines Aktenschranks auf lange Zeit verschwinden.

FM wird fortan nicht mehr schreiben. Er liest. Wo immer er sich grade aufhält, liest er. Am liebsten in der Stube des Hauses in den Bergen. Sitzt an einem langen Tisch, auf dem man „Die Zeit" und die „FAZ" ausbreiten kann, was das Lesen erleichtert. Sitzt so, dass er, wenn er zum Fenster hinaussieht, den höchsten Gipfel des Tales sehen kann. Betrachtet die Gimpel, die, wenn's Winter wird, in den Büschen ums Haus auf das Futter im Vogelhaus ansitzen. „Die mit den roten Bäuchen und der Ehefrau", nennt er sie. Gimpel merkt er sich nicht, weil die Welt der Vögel ihn nicht interessiert. Dass aber „die mit den roten Bäuchen" ihr Leben lang mit ein und derselben Vogelfrau zubringen und dass die sich nie mehr paaren, wenn einer von beiden stirbt, das merkt er sich, das gefällt ihm.

Mittags schläft FM auf der Bank in der Stube ein. Schläft dort mehrere Stunden. Erst nach den Abendnachrichten im TV steigt er in den ersten Stock, die wenigen Stufen zu nehmen wird ihm immer mühsamer. Seine Kräfte nehmen ab, Schmerzen in den Extremitäten nehmen zu. Aber er ist geduldig geworden. Und dankbar für jedes liebe Wort. Er scheint zu wissen, dass seine Tage gezählt sind. Das Ende *fürchtet* er nicht.

Gegen Weihnachten verschlechtert sich sein Zustand, er muss ins Krankenhaus. Die Ärzte teilen der Familie mit, dass sie sich auf den Abschied einstellen müssen.

Es geschieht kurz nach Neujahr. Die Familie ist um ihn. Jeder für sich nimmt von ihm Abschied. In ihrem Inneren frieren sie. Weil sie wissen, dass mit ihm eine ganze Welt ins ungreifbare Irgendwo verschwindet.

Der 13. Jänner 2014,

ein Tag, an dem meine Gedanken wieder einmal um meine Zukunft kreisen. Bald werden es hundert Jahre sein, die ich mit der Familie M. zugange bin. Womit ich länger am Leben bin, als je einer meiner afrikanischen oder asiatischen Artgenossen es geschafft hat.
Und nun? Wird mein Feppchen mich in die ewigen Jagdgründe mitnehmen, oder bleibe ich am Leben? Und wenn, was wird das für ein Leben sein? Es ist ja noch nicht einmal heraus, welche Art von Lebewesen ich bin. Denn das Geheimnis meiner Geburt ist mit meinem „Alter Ego" FM bereits auf Himmelfahrt.
Ob ich ihn noch irgendwo zwischen Erde und Himmel erwische, um danach zu fragen? Vielleicht kreist seine Essenz ja noch um den letzten Mittelpunkt seines Lebens, das Haus in den Bergen, dort wo wenige Stunden nach seinem Tod mitten im Jännerschnee ein Himmelschlüssel aufgegangen ist.

Der Jahrhundertelefant

Weg ist er. Er wird mir fehlen. Mehr noch, mit ihm verschwindet meine Lebensgrundlage. Aus heutiger Sicht scheint es wahrscheinlich, dass ich mit ihm versterben werde. Aber wie stirbt einer wie ich?

Viele Fragen bleiben mit FM's Abgang offen. Als sein Chronist habe ich über ihn berichtet, aber ihn nicht hinterfragt. Jetzt ist Endzeit. Vielleicht ist das der letztmögliche Moment, mit den blinden Flecken in seiner Biographie aufzuräumen. Gerade jetzt, da er alles Irdische hinter sich lässt, noch einmal einen Blick auf sein schwindendes Ich zu werfen.

Wie soll ich ihn mir vorstellen, nun, da er tot ist? Alt wie am Ende? Als kraftvollen Mann? Als kleinen Buben mit diesen halblangen Locken, die er so gar nicht mochte? Eine nicht greifbare Existenz ist er geworden.

Das trifft natürlich in gewisser Weise auch auf mich zu. Womit eine gemeinsame Wellenlänge bestünde und es klappen könnte, dass ich ihn in seinem Abgang noch erwische.

Ich hörte einmal einen klugen Mann aus dem Dunstkreis der M.'s auf die Frage, ob er an einem Leben nach Tode glaube, sagen: „Durchaus. Als

Schwachstrom für das Universum." Wenn dem so wäre, kann ich nur hoffen, dass noch genügend Starkstrom in FM ist, um mit mir in Kontakt zu treten.

Ob mir das gelingt? Erhebt sich die Frage, wie ich dabei vorgehen soll. Einfach „Hallo" ins All rufen? Denn doch nicht, nein, scheint mir unter den gegebenen Umständen zu wenig pietätvoll. Naheliegender wäre ein sanfter Trompetenstoß.

Ich trompete pianissimo. Nichts.

Ich verstärke auf mezzopiano. Wieder nichts.

Ich schwinge meinen Rüssel, setze zu mezzoforte an, und plötzlich höre ich ihn. Nein, eher fühle ich ihn, als ich ihn höre. So, als wäre seine vertraute Stimme zum Konzentrat von Gedachtem geworden.

„Jakob? Was machst du hier?" Eine alterslose Stimme.

„Wo ist hier, wo bist du?"

„Über unserem Haus in den Bergen."

„Was heißt über ..."

„Na drüber. Ich kreise über unserem Haus. Eigentlich schwebe ich ... Ja, ich schwebe. Ziemlich angenehm, schmerzlos, schwerelos, ein völlig neues Gefühl."

„Klingt toll ... Kannst du mich sehen?" Stille. Ist er fort?

„Na ja …“ Er ist also noch da, *„… ich fühle dich.“* Er kichert. Als er noch lebte, hat er nie gekichert. *„Eigentlich habe ich dich immer mehr gefühlt als gesehen.“*

Was sage ich darauf? Ausgerechnet jetzt verlässt mich die Courage. Eine absurde Situation, in der ich mich befinde. Wie halte ich die Verbindung aufrecht? Wenn es mir nicht gelingt, mit ihm im Gespräch zu bleiben, könnte er unwiderruflich entweichen. Irgendetwas muss mir jetzt einfallen. Ich flüchte in die Banalität.

„Gesehen oder gefühlt – wir hatten tolle Zeiten, was?“, versuche ich es mit locker. Keine Antwort.

Ein zweiter bemühter Versuch: „Weißt du was? Aus Anlass deines Todes habe ich nachgerechnet: Wir haben fast hundert Jahre miteinander verbracht.“

Lacht er?

„Jakob, der Jahrhundertelefant!“ Ja, er lacht. *„Servus, alter Freund. Schön, dass es dich gibt.“*

„Noch gibt es mich, aber wie lange? Habe ich ohne dich eine Zukunft?“

Schweigen im Luftmantel der Erdatmosphäre. Wahrscheinlich eine unangebrachte Frage an einen, der ins große Unbekannte unterwegs ist.

Auch das Thema Gegenwart scheint mir ein unsicheres Terrain. Also auf in die Vergangenheit, am besten in die jüngste. Taktgefühle lasse ich ab nun beiseite.

„Ich habe mir dein Begräbnis angesehen", sage ich laut ins Off. „Was mich interessieren würde – wie hast *du* es empfunden?" Nichts. „Warst du mit der Zeremonie zufrieden?"

Wieder nichts. Ob er nachdenkt?

„Eine schöne Leich', wie man in Wien zu sagen pflegt." Jetzt höre ich ihn deutlich. Klingt diesseitig, keck. Dann eher versonnen: *„Also die Reden … und die Schützen aus unserem Dorf … Und dass sogar die Südtiroler gekommen sind …"* FM, der alte Kämpfer um die Rechte der Südtiroler … wo's um Freiheit ging, ist er allemal aufgestanden. Das hat man ihm nicht vergessen, den ganzen langen Weg sind sie angereist, die Südtiroler, um ihm die letzte Ehr' zu erweisen.

„Auch sonst kannst du dich nicht beklagen. Die Kirche war schwarz vor Menschen, sogar der Bundespräsident ist gekommen."

„Und die Freunde! So viele Freunde waren da. Hast du gesehen, wie viele geweint haben?"

„Mein Bester, du hättest auch geweint. Grade du. Warst immer dicht am Wasser gebaut. Darf ich dich daran erinnern, dass dich deine eigenen Reden zu Tränen gerührt haben?"

Jetzt kichert er wieder. *„Stimmt. Die Familie hat das peinlich gefunden."*

„Dir selbst ist das nie unangenehm gewesen?"

Pause. Lange Pause.

„Hallo, FM, bist du noch da?“

„Ja. Ich denke über deine Frage nach ... Also eigentlich war es mir nicht unangenehm, weil es ... weil es war, wie ich eben war. Ich habe mir selten den Kopf darüber zerbrochen, wie ich auf andere Menschen wirke. Mir ging es immer mehr ums Bewirken.“

„Ja, das muss man dir lassen: Selbstbespiegelung war das Deine nicht. Im Vordergrund stand bei dir das Tun. Und dass du bewirken kannst, hast du bewiesen. Ohne Lobhudelei, meinen lebenslangen Beobachtungen nach trifft das zu. Übrigens, was würdest du in der Sparte ‚Bewirken‘ rückblickend als deinen größten Erfolg bezeichnen?“

„Jakob, mein Alter, fass dich kürzer, wir haben nicht mehr alle Zeit der Welt.“

Das klingt, als wäre er plötzlich in Eile. Legt die Himmelfahrt an Tempo zu?

„Also sag: *was*?“

„Dass ich mich auf den Kampf gegen Hitler eingelassen habe.“

„Aha, der junge Held ...“

„Komm schon, du weißt, dass es mir um meine Rolle dabei nicht geht. Es geht um die innere Befriedigung, den untergehen zu sehen, der unsere Welt zerschlagen wollte.“

„Dafür hast du auch bezahlt!“

„Wie meinst du das?“

„Nun, ich würde sagen, dass deine Kriegstraumata dich nie losgelassen haben. Dass du die lebensbedrohenden Jahre im Widerstand ins Unterbewusstsein verschoben und nie aufgearbeitet hast. Später haben sie dich in den Nächten heimgesucht. Deshalb hast du zu Schlafpillen gegriffen. Und die waren es letztlich, die deinen Sturz über die Stiege bewirkt haben. Ohne die daraus resultierenden Brüche und ihre Folgen könntest du noch heute putzmunter in deinem Haus am Berg sitzen, statt darüber schweben zu müssen ... Du weißt, was ich meine?"

Keine Antwort. Typisch für ihn. Der Seele auf den Grund gehen – das hat er stets gemieden. Therapien? Nutzlose Peinlichkeiten. Weder war er versucht, sein Inneres im Eigenverfahren zu erforschen, noch hätte er es einem Außenstehenden gestattet. Ob ich mit dieser Annahme richtig liege?

„FM!"

Nichts.

„Bist du noch da?"

Stille. Wieder diese Stille, die mit dem endgültigen Verschwinden einhergeht. Das kann's doch nicht gewesen sein! Ohne ein Wort des Abschieds würde er mich nicht zurücklassen.

Ich werde einfach abwarten. Nicht rufen, noch trompeten, sondern mich meinerseits tot stellen. So er noch irgendwo in dem, was wir Himmel nennen, seine Kreise zieht, wird das seine Neugier wecken. Neugier, eine seiner wesentlichen Antriebsmechanismen. Hat auch sie ihn schon verlassen?

„Jakob?!“

Ha! Da ist er wieder! Ich mache keinen Mucks.

„Jakob, du Jahrhundertelefant, gib Laut, ich weiß, dass du da bist.“

Vor Freude, ihn zu hören, schnurre ich leise.

„Na bitte, warum nicht gleich.“

Seine Stimme klingt jetzt anders. Sie vibriert, es hört sich an, als läge ein Metallplättchen unter seiner Zunge. Als wäre er erregt.

„Bist du okay?“

„Wie man's nimmt. Genau kann ich dir das nicht sagen, in meinem Zustand fehlen mir Vergleichsmöglichkeiten.“

„Bist du noch über dem Haus in den Bergen?“

„Nein. Ob du es glaubst oder nicht, jetzt kreise ich überm Nussbaum im Garten unseres einstigen Hauses in Döbling. Du weißt schon, das gelbe mit den grünen Läden. Es hat sich verändert. Wirkt weniger fröhlich. Das Gelb ist matt und das Grün sieht militärisch aus.“

„Stimmt dich das traurig?“

„Ich weiß nicht mehr, was traurig ist, Jakob. Ich weiß, wie es war, traurig zu sein, aber jetzt kann ich Trauer nicht mehr empfinden.“

„Und wie steht's ums Glück?“

„Was verstehst du unter Glück? Glück war so vieles ...“

Es bleibt lange still. Ich scheue mich nachzufragen, schließlich meldet er sich wieder.

„Was war Glück ... Platz eins auf der Bestsellerliste. An Bord eines Schinakels vor Santorin sitzen und Homer lesen, eine Vollmondnacht auf Delos mit Freunden und Weißwein, bis die Sonne aufgeht.“ Die Stimme wird leise, sehr sanft. *„Und das Entdecken der Frau meines Lebens.“*

„Was ist mit den Kindern“, frage ich in die Richtung, in der ich ihn vermute, „gehören deine Kinder nicht zum Glück?“ Es kommt wie ein Vorwurf rüber. Seine Antwort erfolgt prompt, als wäre er sich darüber längst im Klaren.

„Glück ist eine Momentaufnahme. Mein Gefühl für meine Kinder war in der Theorie dauerhaft, in der Praxis wechselhaft. Kinder machen Freude. Und sie bringen Leid. Schon gar, wenn du eines verlierst, das tut weh ohne Ende.“

Darauf lässt sich schwer etwas sagen. Ich warte ab, schließlich spinnt er den Gedanken nachdenklich, fast tastend, weiter.

„Die Liebe zu den eigenen Kindern wird von einem erwartet. Ja, ja, man hat sie. Und man erwartet sie retour. Aber sie ist in keiner Richtung endgültig. Als die Kinder klein waren, hielt ich es für selbstverständlich, dass meine Kinder mich lieben. Es hat mich verstört, als ich mit zunehmendem Alter erkannt habe, dass das

nicht unbedingt so sein muss.“ Pause. Leises Gekicher. *„Jetzt, da ich tot bin, werden sie mich lieben. Nostalgisch werden sie mich verklären ... oder auch nicht ...“*

Ist er noch überm Nussbaum? Wie lange haben er und ich noch Zeit? Vieles will ich ihn noch fragen.

„Das Familienleben war dir eigentlich nie so wichtig. Du warst eher, was man einen ‚öffentlichen Menschen‘ nennen könnte, richtig?“

Nach kurzer Pause folgt ein Widerspruch, dessen offene Emotionalität ich von ihm gar nicht kenne.

„Familie, Öffentlichkeit ... Pff! Ohne die Familie hätte all das andere doch gar keinen Sinn gehabt. Vielleicht habe ich es nicht immer begriffen. Aber jetzt, von oben betrachtet ... Da sieht das Familienleben meines Elternhauses sehr formal aus. Das wollte ich auch haben, so wie ich das alte Österreich in Teilen erhalten wollte. Das Leben zeigt einem aber, dass sich alles bewegt. Unser Land hat sich gewandelt, und meine Familie auch.“ Wieder dieses ungewohnte Kichern: *„Demokratischer, könnte man sagen.“*

„Eigentlich hättest du in der Politik des Landes aktiv werden können.“ Unser Gespräch nimmt zunehmend Alltagscharakter an, das ist gar nicht meine Absicht.

Und FM scheint daran auch kein Interesse zu haben, seine Antwort fällt kurz aus.

„Parteipolitisch? Das hätte sich mit meinem Freiheitsbedürfnis nicht vertragen."

Pause. Ich warte. Kommt noch etwas? Surrende Stille. Ich rufe nach Elefantenart, indem ich heftig mit den Ohren schlage, aber die Angst, dass er unerreichbar geworden ist, lässt mich wieder verstummen. Könnte es sein, dass die Diesseitigkeit unserer Unterhaltung im Jenseits schlecht angekommen ist und er deshalb unverzüglich einberufen wurde? Meine Schuld. Ich habe ihn zu diesem Exkurs verleitet.

Ruhelos schaukle ich vor und zurück. Ich bin bereit, jedes Kommunikationsmittel einzusetzen, das mir die Natur verliehen hat. Das Ultimative wäre die Methode Infraschall, die uns Elefanten zur gegenseitigen Verständigung zur Verfügung steht. Senden und Empfangen mittels Rüssel oder Fußsohlen. Klingt bizarr, funktioniert aber klaglos.

Ich warte also auf ein Zeichen. Vergeblich. Aber dann! Ein leichtes Vibrieren in den Fußsohlen, untrüglich eine Mitteilung! Jetzt kann ich ihn auch wieder riechen, noch eines unserer hervorragend entwickelten Sensorien, der Geruchssinn. Und dann höre ich seine Stimme. Sie scheint aus weiter Ferne zu kommen, aber unter Hunderten würde ich sie erkennen.

„Jakob? Es ist Zeit fürs endgültige Adieu."

„Warte", rufe ich in Panik, „wo bist du jetzt?"

„Über dem Haus in der Kopfsteinpflastergasse. Ich habe noch eine Ehrenrunde über den Garten und das Salettl und das Dach gezogen. Es hat sich nicht viel verändert, seit ich dort als Kind gelebt habe. Na ja, du kennst es ja."

„Feppchen", raune ich ängstlich „was geschieht jetzt? Werden wir je wieder miteinander sprechen können, sobald du dort angekommen bist, du weißt schon ..."

„Möglich, mein Alter. Wenn sie für meinen Jahrhundertelefanten eine Art Jakobsleiter installieren ..."

FM. Mein anderes Ich. Meine Daseinsberechtigung. Sogar dem Finale setzt er noch eine heitere Pointe auf.

„Buch Genesis, 28,11", mache ich mich wichtig, „auch ich bin bibelfest."

Aber er antwortet nicht mehr. Es ist aus. Ich, der ich im Grunde ein unverbesserlicher Romantiker bin, warte auf Sphärenklänge, die seine Ankunft am Bestimmungsort verkünden. Vergeblich.

Und dann fällt mir ein, dass er für immer gegangen ist, ohne das Geheimnis meines Ursprungs enthüllt zu haben. Ich könnte so laut trompeten, dass man es – befände ich mich am Subkontinent – von Cochin bis zu den Quellen des Brahmaputra hörte, aber es würde nichts nützen. Vielleicht würde er mich noch hören, aber er würde schweigen.

Familiengeschichte wird nie restlos erzählt, weil immer irgendwer der Wahrheit nicht ins Auge sehen will. Eine Behauptung, die sich an meinem Beispiel verifizieren lässt:

Dass meine Existenz untrennbar mit den M.s verbunden ist, steht fest. Ich gehöre zu dieser Familie, die im Übrigen gern und gut über die Lebensläufe ihrer Mitglieder Bescheid weiß. Warum liegen dann die Eckdaten meiner Biographie immer noch im Dunkel? Schön, über mein Ende lässt sich noch keine gültige Vorhersage treffen. Aber was ist mit meinem Anfang? Wo bin ich geboren? Wie geriet ich seinerzeit in die Kopfsteinpflastergasse?

Es wäre an FM gewesen, es zu erzählen. Er hat es nicht getan. Seine Entscheidung. Mir aber ist es wichtig, dass die Nachwelt weiß, woran sie mit mir ist. Nichts Ehrenrühriges ist daran. Eher das Gegenteil, würde ich sagen. Und es ist eine ganz simple Geschichte.

Sie beginnt an dem gewissen Frühlingsabend vor bald zehn Jahrzehnten, als der kleine Bub in der Kopfsteinpflastergasse ein paar zusammengerollte weiße Blätter aus der Rocktasche seines Vaters ragen sah. „Was ist das, Papa?", fragte der Bub.

Nun hätte der Vater sagen können: „Es ist das Manuskript der Radiosendung, die ich jeden Monat halte." Es hätte den Tatsachen entsprochen.

Doch den sachbezogenen, rational denkenden Historiker und Journalisten stach just an diesem Abend der Hafer.

„Das?", sagte er und brauchte nur Sekunden, um dem kleinen Sohn ein Märchen fürs Leben zu schenken. „Das ist ein Brief von einem Elefanten."

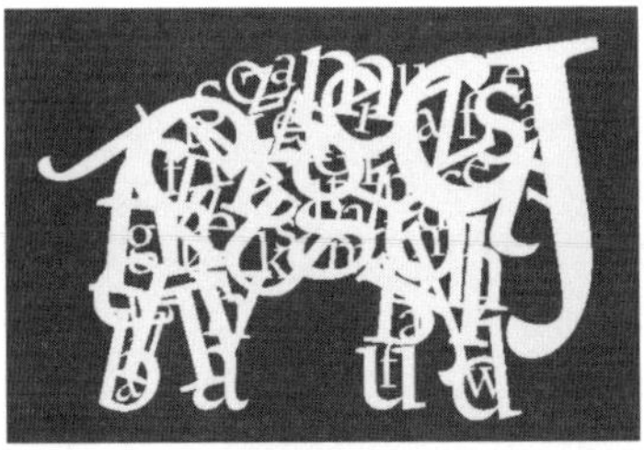

Es gibt afrikanische Elefanten und Waldelefanten und asiatische Elefanten. Aber zu denen habe ich nie gehört. Ich wurde nämlich weder im afrikanischen Busch, noch in den tropischen Regenwäldern Afrikas, noch in den Monsunregenwäldern Indiens geboren. Ich kam vor bald hundert Jahren im Hirn eines Herrn aus Wien auf die Welt. Ich bin, wenn du so willst, die Ausgeburt einer Phantasie. Ich bin ein Unikat. Ich bin Jakob, der Jahrhundertelefant.

Zeittafel

1924 geb. als Sohn des Chefredakteurs der „Neuen Freien Presse" Ernst Molden und der Dichterin Paula Preradović

1938 Fritz Molden wird zum ersten Mal verhaftet

Ab 1940 mehrfach verhaftet von der Gestapo wegen Widerstands gegen die Nazis

1950er-Jahre Herausgeber und Chefredakteur der „Presse", Wiener Zeitungs-Tycoon

1964 Gründer des Molden Verlags, des bald fünftgrößten Verlags im deutschen Sprachraum

1966 Fritz Molden lernt seine Lebenspartnerin Hanna kennen

1982 Konkurs des Molden Verlags

Bis Anfang 2014 Schriftsteller, Verleger, Berater und Geschichtenerzähler …

Liebe Leserin, lieber Leser,
hat Ihnen dieses Buch gefallen?
Dann freuen wir uns über Ihre Weiterempfehlung!
Erzählen Sie Ihren Freunden davon, Ihrem Buchhändler,
oder bewerten Sie es online.

Wollen Sie weitere Informationen zum Thema?
Möchten Sie mit der Autorin in Kontakt treten?
Wir freuen uns auf Austausch und Anregung unter

leserstimme@styriabooks.at

Inspiration, Geschenkideen und gute Geschichten finden Sie auf
www.styriabooks.at

STYRIA
BUCHVERLAGE

ISBN 978-3-222-15072-2

Bücher aus der Verlagsgruppe Styria gibt es
in jeder Buchhandlung und im Online-Shop
www.styriabooks.at

Grafisches Konzept und Illustrationen: Larissa Cerny
Gestaltung und Produktion: Burghard List
Lektorat und Projektleitung: Ulli Steinwender
Korrektorat: Arnold Klaffenböck
Druck und Bindung: Neografia
Printed in the EU
7 6 5 4 3 2 1